조선의 문인, 고양이를 담다

서문

　인류가 생겨난 이래로 가축이 아닌 동물에 대한 관심이 가장 높은 시기는 지금일 것입니다. 오늘날 가정에서 많은 반려동물과 생활하며, 동물원이나 수족관처럼 손쉽게 접근할 수 있는 기관도 많이 늘었습니다. 다양한 동물들의 사진과 영상을 SNS 등에 업로드하면서 대중의 공감을 사고, 랜선 집사라는 새로운 말까지 생겨나고 있습니다.
　이렇게 동물에 대한 관심이 늘어난 것은 얼마 되지 않았습니다. 사람과 동물이 한 땅에 깃들어 함께 숨 쉬며 살아왔지만, 사람은 동물의 존재를 가볍게 여기거나 하찮은 존재로 치부하곤 했습니다. 불과 20~30년 전만 하더라도 개는 집 밖에서 길러야 하는 동물이었고, 길에 있는 고양이는 도둑고양이라고 불렀습니다. 도마뱀이나 이구아나 같은 파충류를 집에서 기른다는 것만으로 이상한 사람 취급을 받았던 때도 있었습니다.

시대와 지역을 달리하며 동물들에 대한 사람들의 인식과 태도는 조금씩 달랐습니다. 고양이의 경우, 고대 이집트에서는 몇몇 신들을 고양이 머리를 한 것으로 묘사하여 숭배하는 한편, 중세 유럽에서는 마녀와 연관 지어 불길한 존재로 오해했습니다. 가까운 일본에서는 앞발을 든 고양이 장식물이 손님이나 돈을 부르는 길조로 여기고 있습니다.

우리나라에서는 동물들을 어떻게 여겼을까요? 학은 고고한 군자의 기상을 비유하며, 까치는 좋은 소식을 전하는 길조이며, 《토끼전》에서 토끼는 꾀를 내어 살아나는 지혜로운 동물입니다. 개는 충직함을 상징하는데, 산불로부터 술에 취해 잠든 주인을 구하기 위해 물에 몸을 적셔 불길을 막았다는 '오수의 개'는 교과서에 실릴 만큼 유명합니다.

우리 선조들은 기록의 민족답게 동물에 대해서 다양한 기록을 남겼습니다. 동물을 단순한 생명체로만 보지 않고, 그들의 생태와 행동 및 사람과의 관계를 글로 남겼습니다. 선조들은 성리학을 통해 인간의 도리를 강조하였는데, 동물들이 보여주는 행동과 본성 속에서 인간이 본받을 만한 덕목을 찾기도 하였습니다.

오늘날 사람들이 이전보다 동물의 권리와 가치에 관심을 기울이고 있는 만큼, 자연과의 조화를 중요하게 여긴 선현들의 생각을 알아보고 싶었습니다. 동물을 대상으로 하는 작품을 선독하면서 선현들의 다양한 생각과 표현을 보고 깔깔대고 웃다가 몰래 눈물을 훔치기도 하였습니다.

이 책은 일 년을 넘게 강독해 온 저희 강독팀의 산물입니다. 한문을 전공한 강독 팀원들이 좀 더 재미있게 공부하고자 하여 고민하였습니다. 단순히 한 인물의 문집 속 글만 공부하기보다 다양한 사람들의 작품을 보고자 하였습니다. 강독 팀원 모두 동물을 좋아하여, 동물과 관련이 깊은 작품을 읽는 것에 동의하였습니다. 그러나 동물과 관련이 깊은 우리나라 선현의 많은 작품 중에서도 《조선왕조실록》을 포함한 역사서·의학서·사전류 등에 실린 내용은 제외하고 동물에 대한 개인의 생각을 드러낸 문학 작품을 위주로 보았습니다. 그리하여 총 49편의 시와 28편의 산문을 선별하여 책으로 만들게 되었습니다.

  저희 강독팀을 응원해 주신 많은 분과 부족한 문장을 끊임없이 다듬어 준 수류화개 편집부가 아니었으면 이 책은 세상에 나올 수 없었을 것입니다. 이번 고양이 작품을 시작으로 앞으로 계속해서 다양한 동물을 다루어 많은 사람들과 나누고 싶습니다.

강독팀을 대표하며
2025년 여름
민혜영

서문 민혜영   005

1부 시에 담다

01	고양이에 대한 잠	이제현	016
02	고양이가 새끼를 낳다	이 색	017
03	고양이와 개의 싸움	이 색	019
04	쌍매당의 시 〈묘유〉에 차운하다	권 근	021
05	오원자부	서거정	023
06	고양이 그림을 보고 지은 시	서거정	030
07	그림 병풍을 보고 지은 시	서거정	031
08	고양이	김시습	032
09	흰 고양이를 묻어주고 지은 글	성 현	033
10	고양이를 얻다	오 상	036
11	어찌 이런 일이	이홍남	037
12	배여우가 객지에 살면서 쥐 소리에 괴로워하며 고양이를 구하기에	구봉령	039
13	잠만 자는 고양이	이수광	040
14	고양이	이정암	042
15	집에 있던 늙은 고양이가 일 년에 두 번 새끼를 낳자, 사람들이 꺼리며 버리는 데 막지 못하였다	이정암	043
16	묘부	곽 진	044
17	살찐이	이민성	055
18	오원이를 미워하다	김 류	058
19	고양이	하 진	059
20	고양이	이 채	060
21	금손가	홍세태	061
22	어린 종이 강 너머로 고양이를 쫓아내다	김희조	064
23	밉살스러운 고양이	조문명	065
24	금묘가	김시민	067
25	오원자를 노래한 시에 차운하다	강재항	072

26	고양이가 밤에 서실에 들어와 장난치다	지광한	074
27	집에 고양이 한 마리가 있는데 개에게 물리자, 쥐떼가 이때를 틈타 화를 부르니 탄식하며 짓다	한치명	076
28	고양이를 꾸짖다	권 헌	078
29	고양이를 꾸짖다	임광택	079
30	고양이를 잃고	윤 기	080
31	흥 나는 대로	윤 기	081
32	우리나라의 노래 중	유득공	082
33	고양이 노래	정약용	083
34	늙은 고양이	현 일	086
35	사냥하는 고양이	이승보	087
36	고양이	양 순	088
37	고양이	나헌용	089
38	고양이를 기르다	정봉현	091
39	고양이	최호림	092
40	고양이	염석진	093
41	암자 안의 새끼 고양이를 원파스님이 애지중지했다	이만상	094
42	고양이를 읊다	정규영	096
43	고양이	정규영	097
44	쥐를 염탐하는 고양이를 보고서 장난삼아 짓다	이수춘	098
45	고양이	김성규	099
46	고양이	김위원	100
47	완천 박우경의 〈잠든 고양이를 읊다〉에 화운하다	최현달	102
48	고양이	정헌교	103
49	밤에 아주 이상한 고양이 울음소리를 듣고	김재화	105

2부 문장에 담다

01	고양이가 서로 핥아주는 것에 대한 설	이 륙	108
02	고양이가 쥐를 잡은 것에 대한 설	최 연	112
03	고양이를 기르는 것에 대한 설	권호문	115
04	고양이와 개를 기르는 것에 대한 설	이수광	118
05	고양이 두 마리에 대한 설	이수광	120
06	쥐와 고양이에 대한 설	김중청	122
07	고양이를 꾸짖는 것에 대한 설	박 인	124
08	고양이에 대한 설	조석형	127
09	고양이가 돌아온 것에 대한 설	정지호	129
10	고양이가 쥐를 잡는 것에 대한 설	김양렬	131
11	고양이에 대한 설	남구명	133
12	죽은 고양이를 묻어주다	이 순	136
13	궁 안의 고양이 일에 관해 쓰다	이하곤	137
14	고양이와 개	이 익	140
15	금빛 고양이	이 익	141
16	길들인 살쾡이	이 익	143
17	오원자전	조귀명	146
18	고양이에 대한 설	남유용	152
19	개가 고양이에게 젖을 물린 일에 대한 설	권 헌	155
20	개와 고양이에 대한 설	최광벽	157
21	잡설	윤 기	161
22	고양이에게 잘못한 것에 대한 설	손윤구	162
23	고양이를 잡은 것에 대한 설	이재의	165
24	고양이를 기르는 것에 대한 설	남 고	168
25	고양이를 기르는 사람에 대한 설	이유원	171
26	북병영의 고양이	이유원	173
27	고양이를 기르는 것에 대한 설	임한주	174
28	고양이를 쫓아낸 것에 대한 설	임한주	176

부록 1 시 원문

01 貓箴 李齊賢 180
02 貓生子 李穡 180
03 貓狗鬪 李穡 181
04 次雙梅堂猫乳詩韻 權近 181
05 烏圓子賦 徐居正 182
06 題畫猫 徐居正 184
07 題畫屛 徐居正 184
08 猫兒 金時習 185
09 瘞白貓文 成俔 185
10 得猫 吳祥 186
11 何事三絶 李洪男 186
12 裵汝友客居 苦鼠聒 求貍奴子 具鳳齡 186
13 詰三禽文 李睟光 187
14 猫 李廷馣 187
15 家有老猫 一歲再乳 因俗忌棄之 不得禁之 李廷馣 187
16 猫賦 郭㟳 188
17 貍奴 李民宬 193
18 憎烏圓 金鎏 193
19 貓 河潛 194
20 貓 李坯 194
21 金孫歌 洪世泰 195
22 小奴放猫江外 金喜祖 196
23 憎猫 趙文命 196
24 金猫歌 金時敏 197
25 詠烏圓子韻 姜再恒 198
26 猫夜入書室戲之 池光翰 199
27 家有一烏圓爲犬所噬群鼠乘時作孼感歎作 韓致明 199
28 責猫 權攦 199
29 責猫 林光澤 200
30 失猫 尹愭 200
31 謁興 尹愭 200
32 東人之歌 柳得恭 201
33 貍奴行 丁若鏞 201
34 老猫 玄鎰 202
35 獵猫 李承輔 202
36 猫 梁栒 203
37 猫 羅獻容 203
38 養猫 鄭鳳鉉 204
39 猫 崔顯林 204
40 猫 廉錫珍 204
41 菴中有猫兒原坡上人愛之 李萬相 205
42 詠猫 鄭圭永 205
43 猫 鄭奎榮 205
44 見猫候鼠戲吟 李壽春 206
45 猫 金星圭 206
46 猫 金偉洹 206
47 和玩泉咏睡猫 崔鉉達 207
48 猫 鄭獻敎 207
49 夜聞猫聲甚異 金在華 207

부록 2 산문 원문

01 貓相舐說 李陸 210
02 貓捕鼠說 崔演 211
03 畜猫說 權好文 212
04 畜貓狗說 李睟光 212
05 二貓說 李睟光 213
06 鼠猫說 金中淸 213
07 貴猫說 朴絪 214
08 猫說 趙錫馨 215
09 猫之反說 鄭之虎 215
10 猫捕鼠說 金揚烈 216
11 猫說 南九明 217
12 埋死猫 李㷞 218
13 書宮猫事 李夏坤 218
14 猫犬 李瀷 219
15 金猫 李瀷 219
16 家狸 李瀷 220
17 烏圓子傳 趙龜命 221
18 猫說 南有容 223
19 犬貓乳說 權擥 224
20 犬猫說 崔光璧 225
21 雜說 尹愭 226
22 過猫說 孫綸九 226
23 捉猫說 李載毅 227
24 畜猫說 南皐 228
25 畜猫者說 李裕元 229
26 北兵營猫 李裕元 229
27 畜猫說 林翰周 230
28 逐猫說 林翰周 231

서평

고양이를 보면서 떠올린 선인들의 생각   최석기 (한국선비문화연구원 부원장)   232

일러두기

1. 이 책은 고양이와 관련한 우리나라 선현의 글을 선역選譯한 것이다.
2. 한문 원전은 저본의 모습을 그대로 정리하는 것을 원칙으로 하여 이체자異體字 등을 허용하였다.
3. 맞춤법과 띄어쓰기는 '한글 맞춤법'을 따르고, 한글 어휘는 '표준어 규정'을 따르는 것을 원칙으로 하였다.
4. 한자는 필요한 경우 이해를 돕기 위하여 병기하였다.
5. 주석은 글의 특성을 고려하여 인물·고사 등에 중점을 두었다.
6. 문장 부호는 '한글 맞춤법'에 규정된 용법을 따랐다.
7. 이 책에 사용한 부호는 다음과 같다.
    [ ] : 번역문과 뜻은 같으나 음이 다른 한자를 묶거나, 보충 설명을 묶는다.
    " " : 대화 등의 인용문을 묶는다.
    ' ' : " " 안의 재인용 또는 강조 문구를 묶는다.
    《 》 : 책명 및 각주의 전거典據를 묶는다.
    〈 〉 : 책의 편명 및 운문·산문의 제목을 묶는다.

1부

시에 담다

01. 고양이에 대한 잠

이제현

귀도 있고 눈도 있으며
발톱도 송곳니도 있건만
좀도둑 멋대로 설치는데
어찌하여 자기만 하느냐

✱ 이제현李齊賢(1287~1367)

자는 중사仲思·호는 익재益齋이고, 본관은 경주이다. 1301년 과거에 합격하였고, 정당문학政堂文學·판삼사사判三司事·정승 등을 지냈다. 저서로《익재난고益齋亂藁》·《역옹패설櫟翁稗說》등이 있다.
이 작품은《동문선東文選》권49에 실려 있다.

02. 고양이가 새끼를 낳다

이색

고양이는 사람과 가장 친한 짐승이라
날렵하고 유연하면서 길이 잘 든다네
밤중에 잠든 나를 갑자기 놀래키지만
새끼 낳아 핥으니 어진 성품 알겠구나

승냥이나 호랑이 가까이하기 어렵지만
개나 말처럼 고양이는 길들일 수 있네
어찌하여 영주에만 쥐들이 많을까마는[1]
탐욕스런 쥐 없애주니 이것이 어짊이네

지극히 공정하면 친한 이 피할 일 없고
악을 제거하면 착한 이 길들일 수 있네
한 마리 고양이에게도 천리가 드러나니
악인 내쫓는 것이 바로 제왕의 어짊이네

---

1 영주에만……많을까마는 : 당唐나라 유종원柳宗元의 〈서설鼠說〉에 나오는 이야기로 영주永州에 사는 어떤 사람이 자신이 태어난 해가 자년子年이라는 이유로 쥐를 매우 사랑하여 고양이를 기르지 않았고, 창고와 푸줏간을 모두 쥐에게 맡겨 쥐들이 마음대로 음식을 훔쳐 먹고 물건을 씹어대는 것을 그대로 내버려두었다는 고사를 인용한 것이다.

* **이색李穡(1328~1396)**

　　자는 영숙穎叔, 호는 목은牧隱이고, 본관은 한산韓山이다. 1354년 원나라 제과制科에 급제하고 귀국하여 정당문학政堂文學·판삼사사判三司事 등을 지냈다. 포은圃隱 정몽주鄭夢周, 야은冶隱 길재吉再와 함께 삼은三隱이라 불린 사람으로, 문하에 권근權近과 변계량卞季良 등을 배출하였다. 조선 개국 후 태조가 여러 번 불렀으나 절개를 지켜 나가지 않았다. 저서로《목은시고牧隱詩藁》·《목은문고牧隱文藁》등이 있다.
　　이 작품은《목은시고》권17에 실려 있다.

03. 고양이와 개의 싸움

조용히 앉아서 고양이와 개가 싸우려는 소리를 들었는데, 여종이 때마침 보고서 제지하였다. '고양이나 개나 모두 사람이 기르는 것인데, 어찌 이처럼 서로 좋아하지 않을까?'라고 생각하면서 〈고양이와 개의 싸움〉 한 편을 지었다.

이색

개는 서방 금화의 기운 타고났고[2]
건의 자리[3]에 있으니 얼마나 굳센가
고양이는 범을 닮아도 매우 유약해
미워할 땐 고슴도치 마냥 털 세우네
문 지키며 도둑 막아 재물을 늘리고
창고 맡아 쥐 잡고 양식을 보존하네
공을 논하자면 한 집의 난형난제라
상부상조해야 하건만 어찌 다투는가
개가 없어지면 도둑이 욕심 부리고
고양이 사라지면 쥐가 멋대로 하리

---

2 개의……기운이고 : 개[狗]는 십이지 중 술戌로, 오행五行으로는 금金에 해당하고, 오방五方으로는 서쪽에 해당한다.

3 건의 자리 : 팔괘八卦 가운데 건乾의 방위는 서북 방향이므로, 개[戌]의 방위와 비슷하여 이른 말이다.

주인은 안절부절
잠 이루지 못해
혈기가 소모되면
어찌 살아가리오
개여 고양이여
언제 친해지려나
다 늙은 이 몸 나직이 읊조리니
깊은 숲 장풍이 스산히 불어오네

❋ 이 작품은 《목은시고》 권18에 실려 있다.

04. 쌍매당[4]의 시 〈묘유〉에 차운하다

권근

가난을 싫어하는 쥐 되려 염려하노니
배가 고파 책장마저 씹을까 걱정이네
그대 덕화에 고양이끼리 젖 먹인다니
주먹만한 새끼 한 마리 내게 보내소

나라처럼 집안 다스리면 걱정 없으리
내 부엌 드나드는 쥐 어찌 두고 보랴
이제부터 고양이를 장수 기르듯 하면
그 이빨과 발톱이 쥐들을 없애주리라

---

4 쌍매당 : 이첨李詹(1345~1405)의 호로, 자는 중숙中叔·소숙少叔이고, 본관은 신평新平이다. 1368년 문과에 급제하였고, 예문관 대제학 등을 지냈다. 저서로《쌍매당집雙梅堂集》등이 있다. 시호는 문안文安이다.

✱ **권근權近(1352~1409)**

　초명은 진晉, 자는 가원可遠, 호는 양촌陽村이고, 본관은 안동이다. 이색李穡에게 수학하였으며, 고려말의 학풍을 일신하고 조선 왕조의 유학계에 계승시키는 데 크게 공헌하였다. 대사헌·찬성사贊成事 등을 지냈다. 왕명으로 하륜 등과 《동국사략東國史略》을 편찬하였다. 저서로 《양촌집陽村集》·《입학도설入學圖說》·《오경천견록五經淺見錄》 등이 있다. 시호는 문충文忠이다.
　이 작품은 《양촌집》 권8에 실려 있다.

05. 오원자부

오원자는 고양이의 또 다른 이름이다.

서거정

해는 정유년이요
하짓날의 저녁에
비바람으로 어두워지고
칠흑같이 캄캄해졌는데
이내 몸은 명치가 아파
자리에 편히 눕지 못해
벽에 기대어 졸았는데
병풍 사이 비비는 소리
들렸다 안 들렸다 하네
내게는 병아리가 있는데
닭장을 침상 곁에 두었네
동자 불러 지키게 해서
도둑고양이 막으라 했네
동자는 코를 크게 골며
깊은 잠에 빠져 버렸네
나는 고양이가 사람 자는 틈에
병아리를 잡아먹는 줄 알았네
지팡이 휘둘러 성내며 말하니

내 너를 기른 건 쥐를 제거해
물건 해치지 말게 한 것이네
지금 되려 그렇게 하지 않고
너의 직분을 다하지 않았네
가루가 되도록 때릴 것이니
널 어찌 아끼리오 말하였네
얼마 뒤에 짐승 두 마리가
내 다리를 스치며 지나갔네
앞 놈은 작고 뒤 놈은 커서
쥐 막은 고양이 모습 같았네
동자를 차면서 불 켜라 하니
이미 쥐는 모두 도륙되었고
고양이는 집에서 편히 자네
사가자는 깜짝 놀라 말하네
고양이가 쥐를 덮쳐서 잡아
자기 직책을 잘 수행하였네
나는 본래 현명하지 못해서
혼자서 속으로 억측했었지
고양이에게 의심을 품다가
뜻밖의 일에 빠질 뻔했다네
아, 탄식하고 감탄하도다
쥐란 놈 됨됨이 살펴보면
그만큼 천한 동물이 없네
털은 짜리몽땅 좋지 않고

천한 고기라 쓸데가 없네
뾰족한 수염에 사나운 눈
누가 네 자질 타고나리오
뒷간이나 땅굴에서 지내니
누가 네 굴 가지려 다투랴
간교하게 담장 따라다니고
얍삽하게 사당에 의탁하네
네 배는 채우기도 쉽건만
어찌 그리 욕심을 부리나
네 주둥이 길지도 않은데
어찌 창끝보다도 날카롭나
교묘하게 때를 잘 엿보아
낮엔 숨고 밤엔 막 다니네
내 옷상자를 갉아서 뚫고
내 쌀독을 휘저어 놓았네
내 옷이 어찌 온전하겠으며
내 쌀이 어찌 채워지리오
누가 네 썩은 고기 다투며
누가 네 간을 삶아 먹으랴
그릇 사이사이 지나다니고
연기 나는 지붕에 의탁하네
마구 날뛰며 사납게 굴어도
하늘이 악행을 옹호해 주네

《시경》에선 석서를 풍자하고[5]

《춘추》에선 먹는 것 기록했네[6]

오원자가 제거하지 않았다면

널 떠나지 않을 자 얼마이랴[7]

내가 《예기》를 읽어보았는데

고양이 맞이하는 법[8] 있었네

우리 밭농사 잘되도록 도와서

백성에게 이익을 주려 하였네

내가 오원자를 길렀던 것은

이와 같은 의도가 있어서네

내 요와 이불을 함께 덮고

내 맛있는 음식을 나누었네

오원자야 오원자야

---

5 《시경》에선……풍자하고 : 《시경詩經》〈석서碩鼠〉의 내용을 가지고 한 말이다. 석서는 큰 쥐라는 뜻으로, 위魏나라 사람이 임금의 학정虐政을 견딜 수 없어 멀리 타국으로 떠나려 하면서 임금을 극성스러운 쥐에 비유하여 노래한 것이다.

6 《춘추》에선……기록했네 : 《춘추春秋》 성공成公 7년 조에 "7년 춘 왕정월에 새앙쥐가 교제郊祭에 희생으로 바칠 소의 뿔을 갉아먹었다."라고 한 것을 가리킨다.

7 널……얼마이랴 : 《시경》〈석서〉에 "큰 쥐야 큰 쥐야, 내 기장을 먹지 말지어다. 삼 년이나 서로 알고 지냈거늘, 나를 돌보아주지 않을진댄, 장차 너를 버리고 떠나서, 저 즐거운 땅으로 가버리련다."라고 한 데서 온 말이다.

8 고양이……법 : 고양이를 맞이한다는 것은, 곧 고양이의 신神에게 제사하는 것을 말한다. 《예기禮記》〈교특생郊特牲〉에 "고양이의 신에게 제사하는 것은 고양이가 쥐를 잡아주기 때문이다."라고 하였다.

자기를 알아준다 감격하였네
기운을 뽐내고 용맹을 떨치며
재능과 기예를 한껏 발휘하네
그르렁그르렁 그 소리를 내며
호시탐탐 목표를 노려보았네
휙 번개가 치는 듯이 날아가
별안간 바람같이 움직였네
쥐란 놈들은 납작 엎드려서
임금에게 절하는 신하 같네
산 놈 달아나는 놈 움켜잡아
있는 힘 다해 냅다 후려쳤네
눈깔이 도려내진 놈도 있고
머리가 잘려버린 놈도 있네
낭자하게 갈기갈기 찢어내고
땅에다가 오장육부를 발랐네
쥐구멍마다 쑤셔대고 소탕해
종자마저 깡그리 없애버렸네
이때 고기 먹는 후작에 봉하고
매일 고관의 밥을 먹인다 해도
그 공덕 보상하기엔 부족하네
어찌 고양이 생각 살피지 않고
어지러이 이런 의혹 가졌던가
넌 정직해서 해를 당할 뻔했고
난 의심해서 너를 죽일 뻔했네

내 비록 병아리에겐 자상하나
너를 자상하게 대하지 않았네
쥐의 원수를 갚아줄 뻔했으니
이것이 어찌 도리란 말이더냐
아, 이 세상천지에
사물의 이치는 무궁무진하네
사람이 대처하는 도리 역시
온갖 가지로 똑같지가 않구나
의심하지 않을 것을 의심하고
의심할 건 의심하지를 않도다
의심하느냐 마느냐의 차이는
그 거리가 천리나 떨어져 있네
이치가 아닌 사심으로 살피거나
실체가 아닌 비슷한 걸 따른다면
그 속에 닭과 쥐 없는 곳 없어
반드시 오원자를 의심하고 마네
동자더러 이 일을 기록하라 하고
이로 인해 나 스스로 맹세하노라

✽ 서거정徐居正(1420~1488)

　　자는 강중剛中·자원子元, 호는 사가정四佳亭이고, 본관은 대구이다. 1444년 문과에 급제하였다. 한성부 판윤·대제학 등을 지냈다. 저서로 《사가집四佳集》 등이 있다. 시호는 문충文忠이다.
　　이 작품은 《사가집》 권1에 실려 있다.

06. 고양이 그림을 보고 지은 시

서거정

높고 화려한 집의 고양이 잠들었는데
운모 병풍 앞 붉은 비단 담요 위라네
옛날에 모란꽃 아래에 있던 고양이도
두 눈동자 반짝반짝 야광주 같았었지

✽ 이 작품은 《사가집》 권22에 실려 있다.

07. 그림 병풍을 보고 지은 시

이옥여[9]를 위해 지음

서거정

울타리 밑 수박 넝쿨에 고양이 두 마리
한낮에도 두 눈동자 구슬처럼 반짝반짝
본래 고기 먹는 네 본성을 사랑하노니
저 쥐새끼들 다 몰아내 없앨 수 있겠지

✱ 이 작품은 《사가집》 권28에 실려 있다. 모두 9수로 이루어져 있으며, 제1수부터 사슴[鹿], 새끼 사슴[麑], 원숭이[猿], 개코원숭이[獼猴], 고양이[猫], 토끼[兔], 무명수[無名獸], 수박[西瓜], 가지[茄], 오이[瓜]를 주제로 지은 시이다.

---

9 이옥여(1438~1494) : 이름은 이경동李瓊仝, 자는 옥여玉汝, 호는 추탄楸灘이고, 본관은 전주이다. 1469년 문과에 장원한 후 호조·예조의 참판 등을 지냈다.

08. 고양이

김시습

쥐구멍 속 쥐 다 잡더니 다시 무료해져
꽃 깔고 한가히 누워 부른 배 만끽하네
이 방은 태평하고 밖은 경계할 것 없어
옷걸이 아래에서 옷자락 갖고 장난치네

✳ **김시습金時習(1435~1493)**
　자는 열경悅卿, 호는 매월당梅月堂이고, 본관은 강릉이다. 어려서부터 신동으로 소문이 났다. 1455년 수양대군의 왕위 찬탈 소식을 듣고는 승려가 되어 전국을 방랑하였다. 저서로는 《매월당집梅月堂集》·《금오신화金鰲新話》·《만복사저포기萬福寺樗蒲記》 등이 있다.
　이 작품은 《매월당집》 권5에 실려 있다.

09. 흰 고양이를 묻어주고 지은 글

성현

집에 고양이가 있었는데 눈처럼 희고 사람을 잘 따랐다. 내가 사랑하며 길렀는데, 어느 날 개떼에게 물려 죽었다. 그래서 공자孔子께서 개를 묻어준 뜻[10]을 본받아, 하인 김가金哥에게 송산松山의 언덕에 묻어주라고 명하고, 다음과 같이 글을 지었다.

어찌 이런 동물 또 있을까
토끼도 살쾡이도 아니면서
마음은 어찌 그리 교활하며
형체는 어찌 그리 초라한가
날카로운 발톱 강한 이빨로
그렇게 위엄을 떨쳐 보이네
새벽엔 둥글고 낮에는 실눈
그렇게 시간을 알려 주누나
순수한 색 가진 채 태어나

---

10 공자孔子께서⋯⋯뜻 : 공자는 자신이 기르던 개가 죽자 자공子貢에게 묻어주게 하면서, "내 들으니, 해진 휘장을 버리지 않는 것은 말을 묻어주기 위해서이고, 수레의 해진 차일遮日을 버리지 않는 것은 개를 묻어주기 위해서라고 한다. 나는 가난하여 덮어 줄 차일이 없으니, 개를 묻을 때 거적으로 충분히 덮어서 머리가 흙더미 속에 빠지지 않게 하라."라고 하였다. 《예기禮記》〈단궁檀弓 하下〉

옥 같은 모습에 흠이 없네
눈 같은 털 희고 깨끗하며
눈 같은 털이 마구 날리네
너의 자태를 사랑하기에
제사 지내고 맞이하였네
내게서 먹고 나를 의지해
이곳에서 사 년을 지냈네
비단 방석 깔아주었더니
배불리 먹고 장난을 치네
낮으로 밤으로 움직이면서
그 기미를 아주 잘 탔었네
사람 위해 해를 없애주니
그 공을 헐뜯지 못하리라
믿음이 네게 닿지 못한 건
내 덕이 부족하기 때문이라
북평왕은 어떤 사람이기에
가리지 않고 젖을 물렸나[11]
으르렁 짖어대는 개가 있어
무리 지어 와 사기를 치네

---

11 북평왕은……물렸나 : 한유韓愈의 〈묘상유설猫相乳說〉에 나오는 이야기이다. 북평왕北平王 마수馬燧의 집에 있는 암고양이 두 마리가 같은 날 새끼를 낳았다. 그런데 한 마리가 바로 죽어 그 새끼들이 젖을 먹지 못하고 울기만 하였다. 그러자 남은 암고양이가 그 새끼들을 자기 집에 데려와서 제 새끼처럼 젖을 먹여 기른 일이 있었다.

너란 놈은 피할 줄 모르고
쫓아가기도 따라가기도 했네
결국 그 입에 물려버렸으니
위태로운 때를 맞닥뜨렸네
다른 부류인 줄 알지 못하고
임강의 고라니[12] 신세 되었네
쥐들은 서로서로 축하하며
무리 지어 느긋하게 다니네
창고에는 온전한 곡식 없고
상자에는 완전한 옷이 없네
지금 이 순간 너를 생각하니
더욱 슬프고 더욱 그립구나

✱ **성현成俔(1439~1504)**
　　자는 경숙磬叔, 호는 용재慵齋·허백당虛白堂이고, 본관은 창녕이다. 1462년 문과에 급제하여, 공조 판서·대제학 등을 지냈다. 저서로 《허백당집虛白堂集》·《풍소궤범風騷軌範》·《악학궤범樂學軌範》·《용재총화慵齋叢話》 등이 있다. 시호는 문대文戴이다.
　　이 작품은 《허백당집》 권14에 실려 있다.

12　임강臨江의 고라니 : 유종원柳宗元의 〈삼계三戒〉 중 한 고사로, 자신의 처지를 제대로 파악하지 못하면 화를 부르게 된다는 내용이다.

10. 고양이를 얻다

오상

가을 되어 쥐새끼들 무성히 번식하는데
내 담장 뚫는데 막아도 당할 재간 없네
고양이를 키워서 쥐구멍을 지키게 하면
교활한 계략은 이제부터 사나움 잃으리

✽ 오상吳祥(1512~1573)

　　자는 상지祥之, 호는 부훤당負暄堂이고, 본관은 해주이다. 김안국金安國에게 수학하였다. 1531년 진사시에 합격하고, 1534년 문과에 급제하였다. 나주 목사·이조 판서·한성 판윤 등을 지냈다. 문장에 뛰어나 김주金澍·정유길鄭惟吉·심수경沈守慶 등과 함께 8문장의 한 사람으로 일컬어졌다. 저서로 《부훤당유고負暄堂遺稿》가 있다.
　　이 작품은 《부훤당유고》에 실려 있다.

11. 어찌 이런 일이

이홍남

주인이 융숭하게 너를 먹여주는 건
쥐구멍 비우는 것이 네 임무여서네
어찌 울 밖의 닭과 병아리를 엿보나
회초리 들어 골칫덩이를 쫓아낸다네

* **이홍남李洪男(1515~1572)**

 자는 사중士重, 호는 급고자汲古子이고, 본관은 광주廣州이다. 1538년 문과에 급제하고, 공조 좌랑·공조 참의 등을 지냈다. 저서로는 《급고유고汲古遺稿》가 있다.

 이 작품은 《급고유고》〈하사삼절何事三絶〉, 곧 고양이, 개, 닭을 읊은 시 중 첫 번째 시이다.

12. 배여우[13]가 객지에 살면서
쥐 소리에 괴로워하며 고양이를 구하기에

구봉령

눈 번뜩이는 고양이 우리에 넣어 보내니
깨끗한 침상에서 생쥐들 떠들지 못하리
이제부터 신선 베개 베고 편안히 잠들어
꿈속에서 산수 좋은 고향 땅을 맴돌리라

✽ **구봉령具鳳齡(1526~1586)**
　　자는 경서景瑞, 호는 백담栢潭이고, 본관은 능성이다. 이황의 문인이다. 1546년 생원시에 합격하고, 1560년 문과에 급제하였다. 병조·형조 참판 등을 지냈다. 저서로 《백담집栢潭集》이 있다. 시호는 문단文端이다.
　　이 작품은 《백담집》 권1에 실려 있다.

13 　배여우 : 여우汝友는 배삼익裵三益(1534~1588)의 자로, 호는 임연재臨淵齋이고, 본관은 흥해興海이다. 이황의 문인이다. 1558년 생원시에 합격하고, 1564년 문과에 급제하였다. 형조 정랑·황해도 관찰사 등을 지냈다. 저서로 《임연재집臨淵齋集》이 있다.

13. 잠만 자는 고양이

이수광

　내가 시골집에서 지낼 적에 쥐를 근심하고 도둑을 경계하였다. 그런데 고양이는 담요 위에 누워서 쥐를 보고도 움직이지 않았고, 개는 대문 옆에 지내면서 소리를 듣고도 짖지 않았다. 심지어 시계 삼아 닭을 길렀는데 새벽이 다 지나도록 울지 않았다. 내가 이 때문에 세 짐승을 꾸짖고, 그 말을 기록하여 글을 짓는다.

　너의 발톱은 예리하면서
　너의 이빨은 날카롭거늘
　큰 쥐가 멋대로 설치건만
　너는 어찌 잠만 자는 게냐

✱ 이수광李睟光(1563~1628)

자는 윤경潤卿, 호는 지봉芝峯이고, 본관은 전주이다. 1582년 진사시에 합격하였다. 이조·공조 참판 등을 지냈고, 영의정에 추증되었다. 저서로 《채신잡록采薪雜錄》·《해경어잡편解警語雜篇》·《잉설여편剩說餘篇》·《승평지昇平志》·《병촉잡기秉燭雜記》·《찬록군서纂錄群書》 등이 있다. 시호는 문간文簡이다.

이 작품은 《지봉집芝峯集》 권21 〈힐삼금문詰三禽文〉에 실려 있다. 고양이, 개, 닭을 꾸짖는 시 가운데 첫 번째 시이다.

14. 고양이

이정암

누가 고양이를 소인에다 비교하는가
교활한 쥐 잡는 건 귀신보다 빠르네
겉모습은 유순해도 속내는 음험하니
가는 곳마다 누구나 친하게 지내도다

> ✳ **이정암李廷馣(1541~1600)**
>
> 자는 중훈仲薰, 호는 사류재四留齋·퇴우당退憂堂·월당月塘이고, 본관은 경주이다. 1558년 진사에 합격하고, 1561년 문과에 급제하였다. 임진왜란 때 의병을 일으켰으며, 1596년 충청도 관찰사로 이몽학李夢鶴의 난을 진압하였다. 저서로 《사류재집四留齋集》이 있다. 시호는 충목忠穆이다.
>
> 이 작품은 《사류재집》 권2에 실려 있다.

15. 집에 있던 늙은 고양이가 일 년에 두 번 새끼를 낳자, 사람들이 꺼리며 버리는 데 막지 못하였다

이정암

사람도 일 년에 두 번 아이를 낳는데
더구나 고양이에게 어찌 때가 있으리
사람들은 꺼리며 끝내 키우지 않는데
나는 부질없이 오종시만 읊조리네[14]

✽ 이 작품은 《사류재집》 권2에 실려 있다.

---

14 오종시만 읊조리네 : 《시경詩經》 〈추우騶虞〉에서 "저 무성한 쑥대밭에 다섯 새끼 돼지[五豵]를 단번에 쏘아 잡으니, 아 참으로 추우로다."라고 한 구절에서 유래하며, 돼지가 새끼를 많이 낳는 것을 태평성대로 여기는 것을 의미한다.

16. 묘부

곽진

산거자가 한가롭게 지내며
닭 기르는 것에 푹 빠졌네
품었던 알들이 곯지 않아서
병아리 수십 마리 태어났네
처음 날갯짓을 익혔는데도
오히려 홰에 깃들 줄 아네
섬돌 앞에 옹기종기 모여서
천지도 모르고 먹고 마셨네
그 곁에서 엿보던 고양이가
이내 한 마리를 낚아챘도다
어미 닭 애통하게 울었지만
새끼 붙잡을 힘이 없었다네
병아리들 깜짝 놀라 흩어져
눈앞에서 모두 다 사라졌네
나는 동자를 급히 불러다가
고양이를 끈으로 묶게 하고
마루 아래에 붙들어 두고서
그 잘못 꼽아가며 꾸짖었네
내가 너를 먹여 키워왔으니
그 책임은 나에게도 있겠지

너는 지금 어째서 욕심부려
식탐으로 오덕을 해치느냐
너의 마음 참으로 혹독하니
너를 반드시 찢어 죽이리라
문득 무더운 바람이 불더니
잠 귀신이 나를 덮치는구나
자리에 기대어 나른하던 때
이건 꿈이었던가 생시였던가
눈 동그랗게 부릅뜬 녀석이
주둥이 벌린 채 울부짖었네
하고 싶은 말이 있는 듯 해
네 속마음 털어놓으라 했네
오랫동안 주인의 은혜 입어
나를 돌보고 길러주셨지요
온갖 생선을 나누어 주시고
온갖 고기를 나누어 주셨죠
개보다 저를 더 사랑하셨고
아이처럼 저를 먹여주셨죠
지금 제가 무슨 죄를 얻어
죽어도 용서치 않으십니까
깊은 원통만이 남아있으니
드러내지 않을 수가 없지요
하늘이 낳은 온갖 사물 중
사람 해치는 것 셀 수 없소

산에는 승냥이와 범이 있고
물엔 교룡과 악어가 있지요
이 모두를 막을 방법 있으니
그물도 있고 작살도 있지요
어떤 짐승이건 교활한 쥐가
남몰래 틈새에 엎드리고서
사람 하는 행동을 엿보더니
제가 드나들 기회를 만들고
사람의 시선과 호흡 엿보고
그 도둑질을 능숙하게 하며
시끌벅적하게 소란스럽더니
별안간 나왔다 숨었다 하며
옷을 보기만 하면 갉아대고
곡식을 보면 반드시 씹으며
눈깔 부라리고 잇몸 까대며
제 몸 불리는 것과 같겠소
이에 시인이 쥐를 풍자하고[15]
좌씨가 도적에다 비유하였고
번옹이 간사함을 견주었으며
동파는 교활함에 분노했지요[16]

---

15 이에⋯⋯풍자하고 : 《시경詩經》〈석서碩鼠〉에서 유래한 말로, 학정을 저지르는 위정자를 비유하였다. 이 작품에서는 쥐가 소란을 피우며 가산을 축내는 것에 대한 비판적 입장을 드러냈다.

16 동파노인이⋯⋯분노한다네 : 소식蘇軾이 〈힐서부黠鼠賦〉에서 쥐의 교활함

더욱더 통탄할 만한 사실은
낮에는 숨어 보이지 않더니
어둠을 틈타 멋대로 굴면서
밤에는 모른다고 생각을 해
못하는 짓이 없다는 것이오
도검 있어도 무슨 소용이며
활과 노쇠도 쓸 수가 없지요
여기 성대한 연회 펼쳐지면
바구니에 고기가 가득하리니
지키다가 잠시라도 졸겠으며
잠시인들 경계 태세 늦추리오
쥐떼들 그때를 기회로 삼아
깊은 쥐구멍에서 나와보더니
이를 갈아대고 찍찍거리면서
모여들어 여우처럼 물어뜯소
그릇에 벌써 구멍을 내더니
결국 고기에까지 다다랐지요
이러한 상황을 맞닥뜨리면
누가 잡고 누가 쫓아내리오
내가 홀로 상황을 정탐하다
풀쩍 뛰어올라 곧장 들어가
잽싸게 그 두목 잡아먹으니

을 읊은 것을 말한다.

주위엔 비릿한 피 낭자했소
남은 쥐들 뿔뿔이 흩어지니
잔치 그릇들 깨끗해졌지요
무엇이 다르랴 나라 망할 때
간신배들이 재앙을 빚어내어
곁눈질하고 혀를 날름거리며
백성 고혈 짜고 사직 좀먹어
태양을 가리고 하늘을 속이며
다 빼앗기 전엔 만족 못하고
임금이 술 취한 듯 혼몽하면
온 관리가 입을 다무는 것과
정직한 선비 한 명이 있다면
눈 속의 송죽과도 같을 테죠
구름 헤치고 대궐에 호소해[17]
상방검[18] 빌려 달라 청하나니
턱 늘어뜨리며 탐내던 자들[19]

---

17 구름……호소해 : 한유韓愈의 시 〈착착齪齪〉에서 "구름을 헤치고 천문에 호소하여, 뱃속을 열어서 낭간을 바치리오."라고 한 데서 유래한 것으로, 좋은 글로 임금에게 간언한다는 의미이다.

18 상방검 : 상방서에서 특별히 제작한 황제의 보검이다. 한나라 성제成帝 때 주운朱雲이 황제에게 상방검을 내려주어 간사한 장우張禹의 목을 칠 수 있게 해 달라고 상서하였다는 고사가 있다.

19 턱……자들 : 《주역周易》 이괘頤卦에 "그대의 신령스러운 거북을 버리고 나를 보고서 턱을 늘어뜨리니 흉하다."라는 구절에서 유래한 것으로, 욕심에 어두워 자신의 지조를 잃고 남을 따르는 것을 말한다.

하루아침에 구름 쓸어낸 듯
말 한마디로 간신배 토벌했소
사당에서 제사를 지낼 때면
곡식과 희생이 풍성하지요
일을 맡은 자는 피곤해하고
밤이 되어 사위 어두워지면
누가 쥐에게 이 없다 하랴[20]
오히려 담장을 뚫고 들어와
벗과 동료를 불러 모으지요
상을 물어뜯고 제기를 핥아
정결한 물건이라곤 없으니
어찌 상에 올릴 수 있겠소
이러한 상황을 맞닥뜨려도
주인은 이를 알지 못하지요
나 홀로 게으름피우지 않고
내 직분 놓쳤을까 걱정하며
발톱 펼쳐서 단번에 낚아채
재빨리 그 두목 삼켜버렸소
위엄있는 소리 크게 지르니
제기들 전처럼 깨끗해졌소
어찌 다르랴, 낮에 천랑성[21] 떠

---

20 누가……하랴 : 《시경詩經》〈행로行露〉에 "쥐가 어금니가 없으리오. 없다면 어떻게 내 담을 뚫었겠는가."라고 한 데서 유래한 말이다.

21 천랑성 : 현재 큰개자리의 알파성으로, 청백색으로 빛나는 모습이 푸르스

창과 방패 곳곳에 대치하고
도적이 황무지에서 생겨나
제멋대로 무리를 불러 모아
조석으로 마구 노략질하며
오장육부 가르고 도려내니
고을들은 풍전등화 신세요
백성은 놀라 흩어지는 것과
이때 용맹한 장수 있었으니
바람처럼 내달려 돌격하여
한 화살로 그들을 평정하니
세 변방이 모두 안정되었소
마구잡이로 도둑질하던 무리
그 위세를 보고 와해되었고
백성은 편안히 살게 되었소
이는 큰 부분만 말한 것이니
나머지는 다 거론할 수 없소
내 비록 자랑하지는 않으나
누가 날 이해하지 못하리오
내 한평생을 미루어 보자면
공으로 죄 덮기에 충분한데
주인은 어찌 내 공을 잊고서
용서하지 않으리라 하십니까

름한 늑대 눈을 닮았다고 하여 낭성狼星이라고도 부른다. 병란이나 적군 또는 오랑캐를 의미하는 말로 쓰인다.

내 죽는 것은 달게 여기지만
주인께선 부끄럽지 않으시오
모든 생물이 타고날 적에는
욕심이 없는 생물은 없건만
천성이 치우치고 막혔으니
어떻게 극복할 수 있겠소
원숭이가 아무리 지혜로워도
오히려 예법에는 밝지 않고
잠룡이 아무리 신령스러워도
결국 죽임을 당하고 말았소
가장 영험하단 인간 중에도
욕심에 가려진 자가 있지요
신하가 되어 임금을 속여서
제멋대로 가렴주구를 하고
근심을 나누어야 할 수령이
백성들의 고혈을 벗겨 먹고
도성 밖 지키는 장군 되어서
백성의 뼈 가죽 약탈하였소
이리처럼 법도 밖에서 탐내고
범처럼 무고한 이 씹어 먹소
열 집 중 아홉 집이 무너져
대낮에 원통함을 호소한다오
한정 없이 욕심을 부리다가
거침없이 말세가 닥쳐온다오

사람이 차마 이런 짓 하는데
모가지가 아직도 붙어 있구려
주인은 저들을 미워하지 않고
어찌 나를 이리도 미워하시오
쓸모없는 뱀·쥐·원숭이·토끼도
오히려 12신의 반열에 있건만
내 공은 그에 미치지 못하니
누구를 원망하랴, 하늘이시여
아득하고 아득한 천 년 동안
나를 알아주는 이가 드물지만
성인께서 나의 공을 추대하여
고양이 맞이하는 제사 두셨소
한유는 〈묘상유설〉[22]을 지었고
소동파는 설예라 불러주면서
다행히 나를 무시하지 않았소
나를 이임보[23]에 비교한 것은

---

22 묘상유설 : 북평왕北平王 집에 두 암고양이가 있어 같은 날 함께 새끼를 낳았는데, 한 암고양이는 바로 죽어서 그 새끼들이 어미 젖을 먹지 못하고 울기만 하자, 다른 암고양이가 그 새끼들을 제 우리로 끌어다 놓고 마치 제 새끼처럼 젖을 먹여 기른 일이 있었다. 한유가 이 일을 가지고 〈묘상유설〉을 지어 고양이를 예찬하였다.

23 이임보 : 당唐나라 현종玄宗의 재상으로, 사람됨이 겉과 속이 달랐으며 교활하고 권술에 능하였다. 그러나 실재 기록에서 고양이에 비유된 인물은 당나라 태종太宗과 고종高宗 때의 이의부李義府이다. 그 역시 겉으로는 부드럽고 공손하였으나, 속으로는 남을 해치려고 하였기에 사람들이 그를 고양이에 비유하여 인묘人猫라 하였다.

당나라 사람 지혜가 부족해서요
고기를 훔친다고 꾸짖었으니
장탕[24]의 도량이 얼마나 좁은가
이는 되려 탄식할 만한 일인데
또 죽임을 당하게 되었구려
고양이 내가 죽은 후에는
애석해 할 줄 알게 되리오
옷걸이에 온전한 옷이 없고
집에는 온전한 그릇이 없는데
쥐는 사람과 함께 다니면서
깔보기도 하고 장난도 치니
이러한 상황을 맞닥뜨리면
무슨 방법으로 막으시겠소
고양이 말을 다 듣기 전에
나는 두려워 놀라 깨서는
고양이를 용서하며 말하네
아, 나의 도량이 쪼잔하여
너를 좋게 여기지 못했네
지금 너의 말을 들어보니

---

24 장탕 : 한漢나라 두릉杜陵 사람이다. 그가 어린 시절 부친이 "찬장을 잘 간수하라."라고 당부하였는데, 장탕이 나가 노는 데 정신이 팔린 틈을 타 쥐가 찬장 안의 고기를 물어갔다. 이 일로 부친에게 꾸지람을 듣자, 장탕이 쥐를 잡아서 법관이 하는 대로 옥안을 작성하고 쥐의 목을 베었다는 고사가 전해진다.

부끄러워 땀 비 오듯 하네
어찌 동류는 책망하지 않고
그저 짐승만 마구 꾸짖는가
한세상 돌아보고 혀를 차니
해치를 언제 만날 수 있을까
내 고양이야, 내 고양이야
네 공을 비견할 곳이 없구나
작은 죄를 지었다 하더라도
내 어찌 너를 욕보이겠는가
내가 장차 너에게 벼슬 주어
괴리 땅 수령으로 삼으리라[25]

✻ **곽진郭𡸁(1568~1633)**
　자는 정보靜甫, 호는 단곡丹谷이고, 본관은 현풍玄風이다. 1601년 진사시에 합격하였다. 저서로 《단곡문집丹谷文集》이 있다.
　이 작품은 《단곡문집》 권1에 실려 있다.

25　괴리……삼으리라 : 한漢나라 성제成帝 때 상방검을 청한 주운朱雲의 관직명이다.

17. 살찐이[26]

이민성

아침에는 이불에서 늘어지게 자며
저녁엔 내 옷자락에서 노닥거리네
어루만지며 용케 길들였나 했더니
도망가 숨는 것 한두 번이 아니네
이놈을 잡아다가 무릎에 올려두고
너에게 '살찐이'라 이름 붙이도다
우리 집에 덩치 큰 쥐들이 많아서
영모씨의 오두막[27]과 다르지 않네
친구들 불러다 마음껏 뛰어다니고
환한 낮에도 어슬렁어슬렁 다니네
장독 엿보다 뚜껑이랑 뒤집어지고
책상 위 편지엔 발자국 낭자하네
간혹 찍찍대는 쥐 소리 들리는데
단잠 깨우는 소리가 가장 얄밉네
쥐 떼의 해코지 이처럼 파다하니
궤짝엔 남아나는 것 하나도 없네

---

26 살찐이 : 고양이의 경상도 방언이다.

27 영모씨의 오두막 : 유종원柳宗元의 〈삼계三戒〉에 나오는 영모씨는 쥐를 숭상한 나머지, 집이 난장판이 되도록 방치하여 쥐가 창궐하게 했다. 영모씨의 오두막은 쥐로 인해 남아나는 가산이 없는 것을 뜻한다.

옛날 성인인 노자가 살던 곳에는
버려진 땅에도 남은 쌀이 있었네[28]
집에다 불을 지피고 물을 채우니
사당이 아니라 수월히 공격했지
교묘히 종적 감추니 어찌하리오
쌓여가는 분노 어디다 터놓으랴
이때 마침 살찐이가 나타났으니
널 기르는 데 어찌 소홀히 할까
영리하고 어린 것이 사랑스러워
밥에다 물고기도 종종 주었다네
은연 중 네 사냥 본능 키웠으니
나쁜 쥐들 소탕하길 기대하였네
용맹하고 민첩함도 길러야 하며
발톱과 이빨도 때때로 필요하지
쥐구멍 쓸어내 집안을 평정하면
너의 주인 편안하게 살아가리라
다시 한번 살찐이와 약속하는데
병아리 곁엔 얼씬하지도 말아라

---

28 노자가……있었네 : 《장자莊子》〈천도天道〉에 나오는 이야기이다. 노자老子가 성인이라는 풍문을 들은 사성기士成綺가 그를 만나 보았으나, 자신이 그리던 성인의 모습이 아니었다. 그래서 노자에게 "쥐구멍에 남겨진 쌀이 있는데도 내버려두었으니, 어질지 못하십니다."라고 하였다.

* **이민성李民宬(1570~1629)**

　자는 관보寬甫, 호는 경정敬亭이고, 본관은 영천永川이다. 1597년 문과에 급제하였다. 제주 점마어사點馬御史가 되었으며, 정묘호란이 일어나자 경상좌도 의병대장이 되었다. 저서로《경정집敬亭集》·《조천록朝天錄》등이 있다.

　이 작품은《경정집》권3에 실려 있다.

18. 오원이를 미워하다

김류

고기에 닭도 훔쳐 먹고 저녁도 실컷 먹더니
머리를 떨구고 눈 감은 채 아침까지 자도다
이 녀석 하는 일 무엇인지 도통 모르겠으니
쥐새끼들 무리 지어 자자손손 번창하구나

✽ **김류金瑬(1571~1648)**

자는 관옥冠玉, 호는 북저北渚이고, 본관은 순천이다. 1596년 문과에 급제하였다. 1623년 거의대장擧義大將에 추대되어 인조반정을 일으켰다. 이조 판서·영의정 등을 지냈다. 저서로 《북저집北渚集》이 있다. 시호는 문충文忠이다.

이 작품은 《북저집》 권1에 실려 있다.

19. 고양이

하진

본성은 유순하고 엿보는 데 뛰어나며
아무 데나 가더니 규방까지 다가가네
어찌하여 구멍 속 쥐는 내버려두고서
날마다 이웃집 닭을 잡으려고 하느냐

* **하진河溍(1597~1658)**
  자는 진백晉伯, 호는 태계台溪이고, 본관은 진주이다. 1633년 문과에 급제하여 지평 등을 지냈다. 저서로《태계집台溪集》이 있다.
  이 작품은《태계집》권3에 실려 있다.

20. 고양이

이채

큰 창고 안에서 꼬리를 살랑이며
쥐 떼들 속에서 위엄을 부리도다
너의 사냥감일랑 부지런히 잡지
암탉인지 수탉인지 관심 끄거라

✳ **이채李埰(1616~1684)**

자는 석오錫吾, 호는 몽암夢庵이고, 본관은 여주驪州이다. 회재 이언적의 현손이다. 1666년 진사시에 합격하였다. 1676년 유일遺逸로 천거되었으나, 경주에 은거하며 학문에 전념하였다. 저서로 《몽암집夢庵集》이 있다.

이 작품은 《몽암집》 권1에 실려 있다.

21. 금손가

홍세태

　선왕[숙종]께서 고양이 한 마리를 키웠는데, 매우 애지중지하며 '금손 金孫'이라 부르셨다. 옛날 중국에서 온 고양이가 궁궐에 있었는데, 이것이 그 후손이라 하였다. 선왕께서 돌아가시자 금손이도 그 사실을 아는 것 같았다. 전각을 돌며 슬피 울면서 13일 동안 먹지 않다가 마침내 파리한 모습으로 말라 죽었다. 대비[인원왕후]께서는 고양이를 비단으로 싸서 명릉明陵 길가에 묻어주라고 명하셨다. 아, 기이하도다. 고양이여. 정윤경鄭潤卿[29]이 이를 매우 기이하게 여겨 〈금손가金孫歌〉와 〈서문〉을 지어 그 사실을 기록하고, 나에게 화답해 주기를 요구하였다. 나도 모르게 탄식하며 글을 살펴보고 흉내내어 지었다.

　금손아, 금손아
　애초에 네 조상 연경에서 왔었지
　궐에 와서 영묘한 짐승이 되었고
　너의 삼대 애지중지 총애 받았네
　황금 털빛에 범의 무늬 가졌으니
　이름은 선왕께서 지어주셨으리라

29　정윤경 : 윤경潤卿은 정내교鄭來僑(1681~1759)의 자이다. 본관은 창녕, 호는 완암浣巖·현와玄窩이다. 홍세태洪世泰에게 수학하였다. 1717년 생원시에 합격하였고, 승문원 제술관·첨지중추부사 등을 지냈다. 저서로《완암집浣巖集》이 있다.

백발백중 쥐 잡는 능력 뛰어나며
민첩함은 무리에서 출중하였다네
지존께서 사랑하며 늘 곁에 두고
금손아 부르면 곧장 고개 들었네
왕께서 남기신 수라로 아침 먹고
저녁에는 왕의 침상 곁에서 잤네
빙빙 돌며 잠시도 떨어지지 않고
바라는 말 들으려 심력을 다했네
대낮 궁궐 계단에 우뚝하니 서니
상림 나무에 사악한 새 사라졌네
하루아침에 임금께서 돌아가시자
팔도 백성들 천둥 치듯 오열했네
금손도 아는지 발 구르며 울었고
내달리며 13일 동안 먹지 않았네
털은 닳고 뼈만 남아 참혹하였고
임금 위한 죽음 얼마나 장렬한가
대비는 놀라고 온 궁궐도 탄식해
귀한 비단 감싸니 빛깔 화려했네
앵봉[30] 송백 울창하고 서늘한 곳
명릉 근처 길가에 금손 묻었다네
밤이면 석마 울고 운기 번쩍이니
궁궐에서 임금을 받드는 것 같네

---

30 앵봉 : 숙종 능이 있는 산 이름으로, 경기도 고양에 있다.

금손아 너는 죽어도 은혜 갚으니
미천한 동물도 어진 품성 지녔네
누군들 지극한 덕 입지 않았으랴
아, 선왕의 은혜 잊을 수 없다네

✻ 홍세태洪世泰(1653~1725)

  자는 도장道長, 호는 유하柳下이고, 본관은 남양南陽이다. 1675년 잡과 역과譯科에 한학관漢學官으로 합격하였다. 저서로《유하집柳下集》이 있다.
  이 작품은《유하집》권8에 실려 있다.

22. 어린 종이 강 너머로 고양이를 쫓아내다

김희조

쥐를 잡은 공로가 으뜸이지만
닭 잡아먹은 죄 역시 크구나
공으로 죄 가리기는 어려우니
변방에 귀양 보냄이 마땅하리

✼ **김희조**金喜祖(1680~1752)
자는 경선慶先, 호는 방호放湖이고, 본관은 영광靈光이다. 1713년 생원시에 합격하였다. 저서로 《방호집放湖集》이 있다.
이 작품은 《방호집》 권1에 실려 있다.

23. 밉살스러운 고양이

조문명

어지러운 털 뭉치 고양이들아
나는 너란 동물이 밉살스럽다
이의보 마냥 몹시 교활하면서[31]
말을 더듬던 주창과도 다르네[32]
온기 찾아 사람에게 다가오면
사람도 억지로 뿌리치지 않네
배불리 고기를 실컷 먹였는데
쓰다듬자 귀찮은 듯 가버리네
그런데도 배가 부르지 않으면
발톱을 세워 성질을 내는구나
사람이 기를 만한 짐승 아니니
범에게 물려가도 아쉽지 않네

---

31 이의보……교활하면서 : 이의보는 이의부李義府(614~666)로, 허경종許敬宗
     과 더불어 당唐나라 고종高宗 때의 간신이다.

32 주창과도 다르네 : 한漢나라 고종高宗의 강직한 신하인 주창周昌을 가리킨
     다. 직언을 잘하였는데, 말을 더듬었다고 한다.

* **조문명趙文命(1680~1732)**

　　자는 숙장叔章, 호는 학암鶴巖이고, 본관은 풍양豊壤이다. 1705년 생원이 되고, 1713년 문과에 급제하였다. 이인좌의 난을 평정한 공으로 분무공신奮武功臣 2등에 책록되고 풍릉부원군豊陵府院君에 책봉되었다. 대제학·우의정·좌의정 등을 지냈다. 저서로 《학암집鶴巖集》이 있다. 시호는 문충文忠이다.

　　이 작품은 《학암집》 책1에 실려 있다.

24. 금묘가

김시민

아, 우리 선대왕[숙종]의 성대한 덕은 금묘金猫의 죽음에서 더욱 알 수 있다. 승하하신 날에 수천 리나 되는 우리나라의 깊은 산속이나 먼바다에까지 슬퍼하면서 울부짖지 않은 사람이 없었으니, 정말이다. 고양이는 짐승 중에서도 미물이지만 죽음으로 은혜를 갚았으니, 이는 금수에게도 덕이 미친 탕임금[33]과 같지 않은가.

궁궐에 고양이가 있었는데, 덩치가 크고 털빛은 황금색이어서 여느 고양이와 매우 달랐다. 왕께서 애지중지하며 '금묘'라고 이름을 지으셨다. 하루는 왕이 드실 고기가 없어졌는데, 궁인들은 금묘가 훔쳤다고 생각하여 절에 귀양을 보냈다. 금묘가 훔쳤다고 해서 귀양 보낸 것은 죄가 아니지만, 궁인들이 살피지 않았을 따름이다.

금묘가 절에 있으며 아직 용서받지 못했는데 왕께서 승하하셨다. 슬픈 소식이 절에 이르자, 금묘가 울면서 몇 날 며칠을 먹지 않아 모든 승려가 이상하게 생각하였다. 대비께서 소식을 듣고 급히 명하여 고양이를 돌아오게 하였다. 고양이가 궁궐에 들어오자마자 더욱 심하게 울부

---

33 금수에게도……탕임금 : 《사기史記》〈은본기殷本紀〉에 "탕임금이 교외로 나갔다가 사방에 그물을 치고서는 '천하의 모든 것이 내 그물로 들어오게 하소서.'라며 축원하는 사람을 보고는, 세 면의 그물을 거두게 하고 '왼쪽으로 가고 싶은 것은 왼쪽으로 가고, 오른쪽으로 가고 싶은 것은 오른쪽으로 가고, 명을 따르고 싶지 않은 것만 내 그물로 들어오게 하소서.'라고 축원하게 하였다. 이에 제후들이 '탕임금의 덕이 지극하구나! 그 덕이 금수에까지 미치도다!'라고 감탄하였다."라고 하였다.

짖었다. 궁인이 밥을 먹여도 먹지 않고, 고기를 먹여도 거들떠보지 않았으며, 고기를 입에 문대면 곧바로 땅에다 입을 닦으니, 궁인들이 이상하게 생각하였다. 곧장 빈전殯殿[34] 뜰에 달려가 전각을 빙빙 돌며 밤낮으로 울어댔다. 그 소리가 몹시 슬퍼 차마 듣지 못하는 자도 있었다. 어느 날 저녁에 보았더니 전각 계단 아래에 엎드려 죽어 있었다.

아, 기이하도다. 대비께서 안타까워하고 또 감동하여 비단으로 고양이에게 옷을 지어 명릉明陵 길가에 묻어주라고 명하셨으니, 송나라 도화견桃花犬[35]의 고사처럼 한 것이다.

금묘가 수척해지도록 슬퍼하고 죽음으로써 주인에게 보답하는 것은 충신과 지사가 절개를 다해 순국하는 것과 같다. 한유韓愈는 '기르는 것에서 느끼는 것이 있다.'라고 하였고, 장횡거張橫渠도 '사람의 천성에 가깝다.'라고 하였으니, 아마도 이런 이유이지 않을까. 역사서에 기록하여 후세에 남긴다면 미물에까지 미친 우리 선왕의 덕은 오랜 뒤에도 삼왕三王[36]에 비견될 것이니, 아름답고도 성대하도다. 아, 선왕의 신하로서 은혜를 잊어버리거나 선왕을 저버린다면 금묘에게 죄를 짓는 것이다.

---

34 빈전 : 인산因山 전까지 임금이나 왕비, 왕자의 관을 놓아두는 전각을 말한다.

35 도화견 : 송宋나라 태종太宗 때 합주合州에서 공물貢物로 바친 개다. 도화견이 항상 어탑御榻 앞에서 길들어졌는데, 태종이 병석에 누웠을 때 그 개가 밥을 먹지 않고 태종이 죽자 울부짖으며 파리해져 갔다. 3대왕인 진종眞宗이 즉위하자 그 개가 슬픈 모습으로 다가와 인도하면서 머뭇거리는데, 불안해 보였다. 태종을 장사지내자 꼬리를 치며 예전처럼 밥을 먹었다. 나중에 개가 죽자 태종의 묘소 곁에 장사 지내 주었다. 《성호사설星湖僿說》〈만물문萬物門〉

36 삼왕 : 삼대三代의 성왕聖王이란 뜻으로, 하夏나라의 우왕禹王, 상商나라의 탕왕湯王, 주周나라의 문왕文王과 무왕武王을 가리킨다.

다음과 같이 노래한다.

궁궐에 황금빛 고양이 살고 있는데
임금이 사랑해 좋은 이름 내리셨네
금묘야 하고 부르면 문득 나타나니
눈 깜짝할 사이 제 이름인 줄 아네
기린 공작은 가까이 두지 않으시고
금묘 홀로 왕 곁에서 좋은 밥 먹네
낮엔 조용히 섬돌에서 얼굴을 씻고
추운 밤 임금 곁에 몸을 말아 눕네
궁녀 감히 친하게 길들이지 못하고
임금 손수 돌보시며 은택 쏟으셨네
어느 날 얻은 죄명 그의 죄 아닌데
궁인들 관례라며 절에 귀양 보냈네
궁궐 안에 살며 귀한 음식 먹던 몸
절에선 푸성귀 먹는 애처로운 신세
임금의 승하 소식 절에까지 이르니
금묘는 먹지 않고 사흘을 통곡했네
대비마마 소식 듣고는 측은히 여겨
즉시 사면하여 궐에 들이라 하셨네
전과 달라진 궁궐 분위기 느끼더니
들어서자마자 울부짖으며 내달렸네
예전에 겪고도 왜 헤아리지 못하나
먹을 마음 없건만 고기라고 먹으랴

안절부절 슬피 울며 빈전에 달려가
빈전을 바라보며 어찌할 줄 모르네
그 소리 몹시 슬퍼 차마 듣지 못해
보는 사람마다 눈물로 옷을 적셨네
스무날 한결같이 울다 지쳐 죽으니
앙상하게 야윈 몸 더욱 참담하였네
비단으로 감싸 수레 실어 묻어주니
금묘가 묻힌 곳 명릉과 지척이었네
아 금묘의 이야기는 천고에 드무니
옛날 도화견 고사를 지금 잇는구나
임금께 받은 사랑 죽음으로 갚으니
기이하구나, 짐승 중에 충신이로다
어떻게 미물이 그리할 수 있었는가
다 임금의 덕이 짐승까지 미쳐서네
말세에 금묘에게 부끄러울 이 많아
은혜 의리 버린 난신적자 그들이오
한 말씀 전하노니 조정의 사관이여
금묘 이야기를 실록에다 남겨 주오

✻ 김시민金時敏**(1681~1747)**

　　자는 사수士修, 호는 동포東圃·초창焦窓이고, 본관은 안동이다. 김창협金昌協에게 수학하였다. 사옹원 주부·진산 군수 등을 지냈다. 저서로 《동포집東圃集》이 있다.

　　이 작품은 《동포집》 권2에 실려 있다.

25. 오원자를 노래한 시에 차운하다

강재항

젓갈에 몰려드는 쉬파리처럼 냄새 잘 맡고
검은 옷에 푸른 눈은 오랑캐 승려 같다네
처마에 날아드니 변방 넘는 매 부럽겠으며
나무에 올라 오르지 못한 원숭이를 놀리네
잔인한 성품 기린도 기어코 풀 밟게 하고
살기 품은 맘 앵무새 떠들지 못하게 하네
몰아내는 것도 사람의 해 제거하는 것이니
두 이씨도 평생토록 하지 못한 일이었다네

* **강재항姜再恒(1689~1756)**

  자는 구지久之, 호는 입재立齋·뇌풍거사雷風居士이고, 본관은 진주이다. 안동에서 태어났으며, 명재明齋 윤증尹拯에게 수학하였다. 한성 주부漢城主簿·회인 현감 등을 지냈다. 저서로 《입재유고立齋遺稿》가 있다. 이 작품은 《입재유고》 권6에 실려 있다.

26. 고양이가 밤에 서실에 들어와 장난치다

지광한

관아의 객들 고기반찬 없이 먹거늘[37]
방안에 들어와 무슨 물건 찾고 있나
고개 숙여 장원급제자에게 답하더니
북당에서 온종일 앉아서 책을 보내

✱ **지광한池光翰(1695~1756)**
자는 휘보輝甫, 호는 설악雪嶽·대충와大蟲窩 등이고, 본관은 충주이다. 1728년 이인좌의 난에 벗들이 죽자, 관직을 단념하고 귀향하였다. 이후 후진을 양성하고 많은 저술을 남겼다. 저서로 《설악유고雪嶽遺稿》·《홍사鴻史》·《기전첩록紀傳捷錄》 등이 있다.
이 작품은 《설악유고》에 실려 있다.

---

37 고기반찬……먹거늘 : 제齊나라 풍환馮驩이 맹상군孟嘗君의 식객食客이 되었을 때, 밥상에 고기반찬이 없자 장검의 칼자루를 두드리면서 "장검이여 돌아가자, 밥상에 고기가 없구나."라고 했던 고사를 인용한 것이다. (《사기史記》〈맹상군열전孟嘗君列傳〉)

27. 집에 고양이 한 마리가 있는데 개에게 물리자, 쥐떼가 이때를 틈타 화를 부르니 탄식하며 짓다

한치명

가족들이 설쳐대는 쥐가 싫어
고양이 한 마리를 길러왔네
예리한 발톱은 검처럼 빛나고
두 눈동자 구슬처럼 초롱초롱
밤에는 장독 엿보다 제압하고
아침엔 굴속 쥐새끼 잡아먹네
넘쳐나는 위엄으로 굴복시키니
시렁 위의 찍찍 소리 사라졌네
어느 날 모진 개에게 물렸으니
쥐 떼에겐 걱정거리 없어졌네
창 갉아대며 내 밤잠을 깨우고
음식 엿보며 찬 부엌을 뒤지네
개가 문 지 한 달도 되지 않아
수백 가지 해로움 다 생겨났네
우리 마당 안의 볍씨를 빼먹고
내 옷걸이의 저고리 뚫어 놨네
아이는 고양이 소리 배우건만
이런 계책 참말로 어리석구나

✱ 한치명韓致明(1703~1788)

자는 일승日昇, 호는 지산芝山이고, 본관은 청주이다. 1740년 생원시에 합격하였다. 《옥천군지玉川郡誌》를 편찬하였으며, 저서로 《지산유집芝山遺集》이 있다.

이 작품은 《지산유집》 권1에 실려 있다.

28. 고양이를 꾸짖다

권헌

따뜻하게 입은 털옷 몸에 딱 맞고
늦게야 일어나 그저 어슬렁어슬렁
염탐을 하는 듯 눈알 굴리는 소리
성이 난 듯 수염을 빳빳이 세웠네
밤새 부산한 쥐를 태연히 두었더니
봄 되자 쥐는 절로 메추리 되었네[38]
처마 앞 나비를 분주히 따라다니니
꽃바람에 나풀나풀 먼지 일어나네

---

* **권헌權攇(1713~1770)**

  자는 중약仲約, 호는 진명震溟이고, 본관은 안동이다. 저서로《진명집震溟集》이 있다.

  이 작품은《진명집》권3에 실려 있다.

---

38 봄……되었네 :《예기禮記》〈월령月令〉에서 늦봄에 대해 "오동나무에 처음으로 꽃이 피고 들쥐가 변하여 메추리가 된다."라고 하였는데, 이는 쥐가 메추리로 변함으로써 창고에 쌓인 곡식들이 쥐 피해를 받지 않고 지킬 수 있기를 희망한 것이다. 여기에서는 겨울이 지나 봄이 되도록 쥐를 잡지 않고 내버려두었다는 뜻이다.

29. 고양이를 꾸짖다

임광택

쥐구멍 속의 쥐는 잡지 않고
상 위의 고기만 늘 탐내구나
고기 없어 내 배는 고프건만
쥐란 놈 내 곡식을 훔쳐먹네
도둑 잡으라고 널 길렀건만
어찌 네가 직접 도적이 되느냐
통쾌하게 한 대 아프게 때려
멀리 대로변으로 쫓아냈건만
미적대면서 떠나가지 않으며
몰래 들어와 상 밑에 숨었네
네 교활함 참으로 밉살스러워
깊은 책망을 시에 부쳐 보네

* **임광택**林光澤(1714~1799)

자는 시재施哉, 호는 쌍백당雙栢堂이고, 본관은 보성寶城이다. 사복시司僕寺 서리를 지냈으며, 여항 시인으로 활동하였다. 저서로《쌍백당유고雙栢堂遺稿》가 있고,《풍요삼선風謠三選》·《해동시선海東詩選》에도 시가 실려 있다.
이 작품은《쌍백당유고》권1에 실려 있다.

30. 고양이를 잃고

윤기

숙직 서고 집에 돌아와 보니
고양이가 어디론가 사라졌네
개에게 물려간 것 아니라면
누군가 훔쳐간 게 아닐는지
날렵해 뛰어놀던 것 그립고
순해서 나를 잘 따라다녔지
장독 사이 날뛰는 쥐새끼를
바라만 볼 뿐 누가 잡아줄까

※ **윤기尹愭(1741~1826)**

자는 경부敬夫, 호는 무명자無名子이고, 본관은 파평이다. 1792년 문과에 급제하여, 관직은 호조 참의·남포 현감·황산 찰방 등을 지냈다. 저서로 《무명자집無名子集》이 있다.

이 작품은 《무명자집》〈시고詩稿〉 책4에 실려 있다.

31. 흥 나는 대로

윤기

벌레를 쪼던 닭 몹시도 즐거워
옆에 고양이가 노리는 줄 모르네
개도 고양이에게 해코지하려고
이 갈며 사나운 기세 드러내네

✽ 이 작품은 《무명자집》 〈시고〉 책4에 실린 〈만흥謾興〉의 20수 가운데 세 번째 시이다.

32. 우리나라의 노래 중

유득공

병풍 속의 앞니 빠진 고양이
작은 사향쥐를 마주하고 있네
고양이 교활하다 말들 하는데
웅크려서 쥐 잡을 생각뿐이네

✳ **유득공柳得恭(1748~1807)**

자는 혜풍惠風, 호는 영재泠齋이고, 본관은 문화文化이다. 저서로 《고운당필기古芸堂筆記》가 있다.

이 작품은 《고운당필기》 권1에 실려 있다. 나비, 뻐꾸기, 나무 등을 노래한 15수 가운데 열 번째 고양이를 노래한 것이다.

33. 고양이 노래

정약용

남산의 늙은이가 고양이를 기르는데
세월 흘러 요사함은 늙은 여우 같네
밤마다 초가에서 고기 훔쳐 먹었는데
항아리며 단지며 술병까지 뒤엎었네
칠흑 같은 밤이면 교활한 짓 하는데
문 열고 크게 소리치면 형체가 없네
불 켜고 보면 여기저기 더러운 흔적
이빨 자국 남은 찌꺼기만 널려 있네
늙은이 잠을 설쳐 기력이 모두 빠져
온갖 생각에 헛되이 한숨 길게 쉬네
이놈이 지은 극악한 죄를 생각하면
당장에 칼을 들어 목을 치고 싶구나
하늘이 너를 낸 것 무슨 쓰임이던가
쥐를 잡아 백성 고통 덜고자 하였네
들쥐는 밭을 파서 곡식 싹 저장하고
집쥐는 물건이란 물건은 훔쳐버리네
쥐 피해 입은 백성들 날로 초췌해져
피도 기름도 말라 배가 등에 붙었네
그리하여 쥐 잡는 장수로 너를 보내

마음껏 물어뜯으라고 권력을 주었네
반짝반짝 황금 같은 두 눈을 주어서
깊은 밤 올빼미가 벼룩 잡듯 해주네
가을 매같이 예리한 발톱 네게 주고
톱날 같은 범의 이빨도 네게 주었네
네게 날아올라 치고 싸울 용기 주니
쥐는 너를 보고 엎드려 목숨 내놓네
날마다 백 마리 잡은들 누가 말릴까
남다른 네 모습 보는 이들 칭찬하네
팔사 제사 지내 네게 크게 보답하니
의관 갖추어 잔에 술을 따라 올렸네
그런데 너는 지금 쥐라곤 잡지 않고
도리어 스스로 도둑질에 나서는구나
쥐란 놈 좀도둑이라 그 피해 작지만
너는 세력도 큰데 심보마저 거치네
쥐가 못하는 짓 너는 마음껏 하노니
기와 열어 흙손질해 둔 곳 파헤치네
이제부터 쥐새끼들 무엇을 거리낄까
구멍 나와 크게 웃고 수염 치켜드네
훔친 물건 모아 네게 뇌물로 바치고
태연하게 너와 짝 맞추어 다니는구나
호사가들은 이따금 너를 따라다니고
쥐들이 졸개처럼 너를 호위하는구나
나팔 불며 북 치고 야단법석 떠들며

대장기 높이 들어 앞잡이가 돼 가네
너는 큰 가마 타고 교만함을 떨치며
다투어 굽신대는 쥐들을 흐뭇해하네
내 직접 활과 화살로 널 죽여버리고
날뛰는 쥐들은 사냥개에게 맡기리라

✱ 정약용丁若鏞(1762~1836)

자는 미용美鏞·송보頌甫, 호는 다산茶山·여유당與猶堂 등이고, 본관은 나주이다. 1783년 진사시에 합격하였고, 1789년 문과에 장원급제하였다. 병조 참지·형조 참의 등을 지냈고, 1793년 수원성을 설계하였다. 저서로 《여유당전서與猶堂全書》·《경세유표經世遺表》·《목민심서牧民心書》·《흠흠신서欽欽新書》등이 있다.
이 작품은 《여유당전서》시집 권5에 실려 있다.

34. 늙은 고양이

현일

꽃그늘 속에서 가는 실눈 뜨는데
범의 기골 닮아도 이룬 건 없네
다음 생엔 기린 되기를 바라노니
빈 사랑채서 찍찍대는 소리 듣네

* **현일**玄鎰(1807~1888)
  자는 만여萬汝, 호는 교정皎亭, 본관은 연주延州이다. 연천 군수·중추원 지사 등을 지냈다. 저서로《교정시집皎亭詩集》이 있다.
  이 작품은《교정시집》권5에 실려 있다.

35. 사냥하는 고양이

이승보

산골 집에 도둑고양이가 많아서
소반 가득 음식을 늘 신경 쓰네
지팡이로 맞을까 구멍을 엿보고
쫓으려는 객 피해 기회 노리네
홰에 오른 닭을 눈여겨 살피고
둥지 속 참새 보며 꼬리 흔드네
음식 구하려 바삐 움직이는 건
온통 마음이 탐욕에 젖어서라네

✽ **이승보李承輔(1814~1880)**
    자는 치강致剛, 호는 석산石山이고, 본관은 전주이다. 1834년 생원시에 합격하고, 1845년 문과에 급제하였다. 이조 판서·의정부 우찬성 등을 지냈다. 저서로 《석산유고石山遺稿》가 있다.
    이 작품은 《석산유고》 권3에 실려 있다.

36. 고양이

양순

떵떵거리는 저 쥐떼를 보더니
귀먹은 듯 기척 없이 웅크리네
옥색 발톱은 낚싯바늘을 닮았고
금빛 눈동자는 호롱불과 같구나
잠든 올빼미처럼 나무에 오르고
성난 개 만나면 놀라 펄쩍대네
규범대로도 속임수로도 잘 잡아
한밤중에 사냥해도 공을 세우네

✱ **양순**梁栒(1822~1886)

자는 자경子罊, 호는 다암茶菴, 본관은 보성이다. 저서로 《다암시고茶菴詩稿》 등이 있다.

이 시는 《다암시고》 권하에 실려 있다.

37. 고양이

이수당·한해려[39]와 함께 지은 시

나헌용

꼬리털은 장군의 깃발이요
눈동자는 사리함을 닮았네
이리와 비슷한 모습이지만
으레껏 나비라고 부른다네
원숭이 엿보듯 자취 감추고
범처럼 호시탐탐 주시하네
달콤한 이묘같이 위험하고[40]
낯 푸른 노기[41]처럼 교활하네
씻은 얼굴은 침에 젖어있고
골골 소리는 가래 끓는 듯
한낮 동공은 침처럼 가늘고
겨울 털옷이 어찌 남루하랴

---

39 이수당·한해려 : 수당修堂은 이남규李南珪(1855~1907)의 호로, 자는 원팔元八, 본관은 한산韓山이다. 1882년 문과에 급제했다. 해려海黎는 한두원韓斗源의 호이다. 1877년 진사시에 합격하였다.

40 달콤한……위험하고 : 이묘李猫는 당唐나라 고종高宗 때의 간신인 이의부李義府의 별명이다. 이의부는 겉과 속이 달라, 사람들이 그를 "웃음 속에 칼이 있다."라고 하며 '인간 고양이[人猫]'로 불렀다.

41 노기 : 당唐나라 덕종德宗 때의 간신으로, 자는 자량子良이다. 그는 음험한 성격에 전횡을 일삼고, 귀신같은 외모에 얼굴빛이 푸르스름했다고 한다.

노여움 만난 듯 하악질하고
부끄러운 듯 고개를 돌리네
화로 옆에 뜨듯이 등 지지고
흙 바른 함처럼 담장에 앉네
개 뺨 후리더니 곧장 도망가
말 몰 듯 소 허리 올라타네
닭과 병아리 날마다 훔치고
쥐구멍에서 때때로 기다리네
나무에 올라가 추격을 막고
부엌에 들어가 음식 훔치네
혀는 뻣뻣해서 구리도 갈 듯
딱딱한 이마는 투구를 쓴 듯
하품하며 나른히 걸어다니고
입을 닫고 잠잠히 웅크렸네
겨울에 묘신에게 제 올리고
여름엔 찬 코로 때를 알리네

* **나헌용**羅獻容(1851~1925)

   자는 희도羲圖, 호는 혜전蕙田이고, 본관은 안정安定이다. 1894년 진사시에 합격하였다. 저서로 《혜전집蕙田集》이 있다.
   이 작품은 《혜전집》 권2에 실려 있다.

38. 고양이를 기르다

정봉현

이빨 센 쥐 때문에 백성 삶 고달프니
고양이의 공 따져보면 어찌 가벼우랴
낮엔 마당 구석구석 쥐구멍 정탐하고
밤엔 곳간 지키면서 새벽을 맞이하네
신묘한 눈은 가는 터럭도 볼 수 있고
날카로운 발톱은 가시덩굴 끊어내네
늙은 주인은 곁에 두고 늘 먹이는데
멋대로 다니며 부잣집 문 열어젖히네

✽ **정봉현**鄭鳳鉉(1852~1918)

자는 동국東國·언국彦國, 호는 운람雲籃이고, 본관은 하동이다. 노사蘆沙 기정진奇正鎭에게 수학하였다. 저서로《운람집雲籃集》이 있다.
이 작품은《운람집》권2에 실려 있다.

39. 고양이

최호림

때때로 마을 사당에서 까마귀 향해 짖고
성질이 독해 이유 없이 들뱀을 작살내네
겁박하는 닭 쫓을 땐 자벌레처럼 몸 펴고
으르렁대는 개를 보면 새우처럼 구부리네
얼룩덜룩한 무늬와 색은 완전 표범 같고
목으로 내는 교성에 개구리인 줄 알았네
쥐 사냥에 재능 있어 곡식 창고만 엿보고
궁벽한 마을 가난한 집엔 들어가지 않네

✽ **최호림崔顥林(1854~1937)**

자는 윤직允直, 호는 덕초德樵이고, 본관은 전주이다. 저서로 《해몽집구解蒙集句》·《덕초고德樵藁》 등이 있다.

이 작품은 《덕초고》 권1에 실려 있다.

40. 고양이

염석진

날래고 용맹하여 쌈박질을 잘하니
내 방패 되어 창고 사방 지켜주리
이런 도둑 쥐를 근심할 것 있으랴
주인은 베게 높이 베고 달게 자네

✽ **염석진廉錫珍(1855~1932)**
자는 자익子翊, 호는 남곡南谷이고, 본관은 파주이다. 소석小石 김노현 金魯鉉에게 수학하였다. 1910년 국권피탈 후 신학문이 일어났을 때 한학漢學 교육을 강조하였다. 저서로《남곡유고南谷遺稿》가 있다.
이 작품은《남곡유고》권1에 실려 있다.

41. 암자 안의 새끼 고양이를
원파스님이 애지중지했다

이만상

꼬리 치며 아양 떠는 너의 모습에
외로운 늙은 중이 아이처럼 기르네
아첨하며 탐을 내는 세상 사람들이
눈치 살피는 고양이랑 뭐가 다르랴

* **이만상李萬相(1857~1899)**

  자는 방헌邦憲, 호는 교재僑齋이고, 본관은 성산星山이다. 저서로 《교재집僑齋集》이 있다.

  이 작품은 《교재집》 권1에 실려 있다.

42. 고양이를 읊다

정규영

고양이란 놈은 밉지가 않아
오랜 세월 집에서 길러왔네
여우 속내 마냥 교활하면서
이빨은 범의 위력 타고났네
담 위에 흙덩이처럼 앉았고
굴 안 쥐를 눈 빛내며 보네
작은 몸에 용맹스런 몸짓은
어떤 동물보다 기운 넘치네

❋ 정규영鄭圭永(1857~1932)
    자는 명여命汝, 호는 일옥一玉이고, 본관은 초계草溪이다. 저서로《일옥유고一玉遺稿》가 있다.
    이 작품은《일옥유고》권2에 실려 있다.

43. 고양이

정규영

타고난 사냥꾼으로 장군 닮아
범의 발톱 매의 눈이 빼어나네
덕분에 오랜 책 갈리지 않으니
밤마다 바쁜 저 쥐를 걱정하랴

✻ **정규영鄭奎榮(1860~1921)**
자는 치형致亨, 호는 한재韓齋이고, 본관은 진주이다. 저서로 《한재집韓齋集》이 있다.
이 작품은 《한재집》 권3에 실려 있다.

44. 쥐를 염탐하는 고양이를 보고서 장난삼아 짓다

이수춘

거위 같은 눈에 털은 표범 닮고
산을 등지고 사람에게 의지하네
꼬리 살랑이며 사뿐사뿐 걸어도
쥐 잡는 데 별별 기략 다 쓰네

✼ **이수춘 李壽春(1861~1939)**
　　자는 국첨國瞻, 호는 기수沂叟이다. 본관은 진성眞城이다. 저서로《기수유고沂叟遺藁》가 있다.
　　이 작품은《기수유고》권1에 실려 있다.

45. 고양이

김성규

맹렬한 기세로 돌 틈을 헤집고
뛰어오를 땐 나는 듯 빠르구나
주먹만한 산다람쥐 물어오더니
숲에서 사냥하며 새를 잡아오네

✱ 김성규金星圭(1864~?)

자는 보형寶衡, 호는 초정草亭이고, 본관은 연풍延豊이다. 상의원 주부·강원도 순찰사 등을 지냈다. 저서로《초정집草亭集》이 있다.
이 작품은《초정집》권1〈양산창과陽山窓課〉59수 중 22번째 시이다.

46. 고양이

김위원

자잘한 범 무늬 까마귀도 무시하지만
뱀도 잡는데 쥐 잡는 게 무슨 수고랴
굴속 토끼보다 편히 섬돌에 엎드리고
파도 속 새우보다 용맹히 생선 훔치네
자리에서 잘 땐 눈동자 모양 달라지고
그림에선 개구리 놀리며 나비를 잡네
흥겹게 부엌에 가서도 훔치지 않으니
태평한 요즘 달팽이 집도 넉넉하다네

범 무늬 여우 같은 애교로 아양 떨고
뛰어오를 땐 소리 없어 날개를 편 듯
곳간 돌며 쥐를 잡아 용맹을 뽐내는데
생선 훔치려 광 엿본다 괜히 의심받네
추운 밤 두려워 자리에서 잠들곤 하고
봄 그림에 들어가 나비를 잘도 잡구나
고리눈 보고서 비범한 줄 내 알았으니
칠흑 같은 밤이면 검은 동공 돌아오네

* **김위원金偉洹(1864~1925)**

　　자는 경욱敬旭, 호는 옥담玉淡이고, 본관은 연일延日이다. 면우俛宇 곽종석郭鍾錫에게 수학하였다. 저서로《옥담유고玉淡遺稿》가 있다.
　　이 작품은《옥담유고》권3에 실려 있다.

47. 완천 박우경의
〈잠든 고양이를 읊다〉에 화운하다

최현달

쥐 잡아먹은 고양이 꽃그늘 속에서
향긋한 바람 맞으니 잠맛 깊어지네
이제 알았으니 편안히 자는 사람은
살아생전 황금 띠 두른 벼슬아치네

✻ 최현달崔鉉達(1867~1942)

자는 성내聖鼐, 호는 일화一和·만정晩靜이고, 본관은 경주이다. 제실회계심사관帝室會計審査官·청도 군수 등을 지냈다. 일본에게 국권을 빼앗기자 벼슬을 그만두고 자결하고자 하였으나 실패하였다. 저서로《일화문집一和文集》·《시해운주詩海韻珠》가 있다.
이 작품은《일화문집》권2에 실려 있다.

48. 고양이

정헌교

살기 좋은 우리나라 이 땅에선
옛부터 고양이 맞는 예 있었네[42]
밤중이면 번개처럼 눈 번뜩이고
시계처럼 눈동자로 시간 알리네[43]
세수하며 까치처럼 손님 점치고[44]
쥐 잡기는[45] 천리마보다 뛰어나네[46]
생선과 방석으로 널 대접하노니[47]
나를 향해 야옹야옹[48] 울지 말아라

---

42 고양이……있었네 : 고양이 신에게 제사하는 것을 말한다.《예기禮記》〈교특생郊特牲〉에 "고양이의 신에게 제사하는 것은 밭의 쥐를 잡기 때문이다."라고 하였다.

43 시계처럼……알리네 : 시의 원주에 "고양이의 눈은 아침과 저녁에는 동그랗다가 정오에는 가늘어진다."라고 하였다.

44 세수하며……점치고 : 시의 원주에 "당나라 단성식段成式이 편찬한 《유양잡조酉陽雜俎》에 고양이가 세수할 때 발이 귀를 지나가면 손님이 온다고 하였다."라고 하였다.

✲ **정헌교鄭獻敎(1876~1957)**

자는 준백俊百, 호는 지암止庵이고, 본관은 연일延日이다. 신식 학교가 세워지자 교관敎官으로 활약했는데, 이때부터 서양의 문화에 관심을 가졌다. 독립을 위해 여러 학교를 다니며 후진을 양성하였다. 저서로 《지암문집止菴文集》이 있다.

이 작품은 《지암문집》 권1에 실려 있다.

---

45 쥐 잡기는 : 당唐나라 고종高宗의 황후 왕씨王氏와 왕량王良의 누이가 측천무후에게 억울하게 피살되었다. 왕량의 누이가 죽음에 임하여 무후를 꾸짖으면서 "내가 죽은 뒤에 고양이가 되어서 무후를 쥐로 만들어 그 목을 졸라 보복하겠다."라고 했는데, 무후가 이 말을 전해 듣고 궁중에서 고양이를 절대 기르지 못하게 조서를 내렸다고 한다. (《고금사문유취古今事文類聚》 〈사원위묘死願爲猫〉)

46 천리마보다 뛰어나네 : 시의 원주에 "천리마 망아지는 날마다 천 리를 달려갈 수는 있지만 쥐를 잡는 데는 족제비만 못하다."라고 하였다.

47 생선과……대접하노니 : 시의 원주에 "육유陸游의 시 〈증묘贈猫〉에 '소금 싸서 새끼 고양이를 맞았는데, 산방의 만권 책을 모조리 지켜주네. 집이 가난해 책훈이 야박한 것 부끄럽나니, 추워도 앉을 방석 없고 먹을 때 생선도 없구나.' 하였다."라고 하였다.

48 야옹야옹 : 시의 원주에 "한유韓愈의 〈묘상유설猫相乳說〉에 나오는 말이다."라고 하였는데, 〈묘상유설〉에 "새끼 두 마리가 죽은 어미의 젖을 빨았으나 어미가 이미 죽어 젖이 나오지 않으니, 야옹야옹 울어댔다."라고 하였다.

49. 밤에 아주 이상한 고양이 울음소리를 듣고

김재화

한밤중 성근 울타리에서 아이가 울기에
놀란 고양이 찾아내고서 의문이 풀렸네
앵무새는 말을 하고[49] 황새는 기침하는데
어찌해 사람만 오랑캐의 말[50]을 배우는가

✽ **김재화**金在華(1887~1964)
　자는 회여晦汝, 호는 순재醇齋이고, 본관은 청도淸道이다. 저서로《순재집醇齋集》이 있다.
　이 작품은《순재집》권1에 실려 있다.

49　앵무새는……하고 :《예기禮記》〈곡례曲禮〉에 "앵무새는 말을 잘하나 나는 새에 지나지 않고, 성성이는 말을 잘하나 금수에 지나지 않으니, 사람치고 예禮가 없으면 또한 금수의 마음이 아니겠는가."라고 한 데서 온 말이다.

50　오랑캐의 말 : 원문은 '주리侏離'이다. 소수 민족의 언어를 가리키는데 말이 통하지 않는 오랑캐의 소리를 뜻하기도 한다. 여기서는 저자가 살았던 한말에서 일제강점기의 시대적 상황을 고려할 때, 일어·영어 등 외국어를 배우는 사람들의 문화를 비꼬는 표현으로 보인다.

2부

문장에 담다

01. 고양이가 서로 핥아주는 것에 대한 설

이륙

　청파靑坡 선생[1]이 한가롭게 날마다 거문고를 연주하고 독서하며 즐겁게 보냈다. 늙은 여종이 고양이를 얻어 왔는데, 몸은 까맣고 가슴은 하야니 세속에서 말하는 까치 고양이였다. 고양이는 성질이 순해서 늘 사람을 따랐다. 그렇지만 귀신같이 날렵해서 날아가는 새를 잡아채기도 하였다. 예전에 마당을 뛰어다니며 고기를 훔치던 쥐들을 고양이가 모조리 잡아서 남아 있는 것이 없었다. 주인이 그 재주를 기특하게 여겨 손으로 어루만지며 "너는 암컷이니, 씨를 받아서 자손에게 재주를 전해 주어야 한다."라고 하였다.
　어느 해 새끼를 낳았는데 갑자기 이웃 마을에서 훔쳐 가 버렸다. 한참 있다가 한 해에 두 번 새끼를 낳았는데, 어미를 닮은 새끼 두 마리를 데려다가 일 년 남짓 길렀다. 봄에 태어난 것은 어느새 자라서 몸집이 어미와 비슷해졌고, 가을에 태어난 것은 그보다 조금 작았다. 고양이 세 마리가 같은 그릇에 밥을 먹었는데, 어미가 먹으면 새끼가 피하고, 새끼가 먹으면 어미가 피해주었다. 그 새끼들도 이처럼 하였는데, 밥을 먹은 녀석이 물러나면 아직 먹지 않은 녀석이 다가가 밥을 먹으니, 마치 겸손과 사양을 아는 것 같았다. 밖에 나가면 서로 따라다니고 들어오면 서로를 베고 누웠으며, 나갈 때나 들어올 때나 반드시 서로 핥아주었다. 마치 어미와 자식, 형제간의 친함을 정말 아는 것 같으니, 역시 놀라운

1　청파 선생 : 이 글의 저자인 이륙의 호이다.

일이다.

고양이는 사람이 기른다. 머물 때는 꼭 사람을 의지하고 먹을 때는 늘 사람을 기다린다. 그러나 끝내 자기 주인인 줄 알지 못하니, 개와 비교하면 역시 다르다. 그러나 자애라는 천성은 금수에게도 없지 않다. 한창 새끼에게 젖을 먹일 때는 넘어지면 더 핥아주고, 배고프겠단 생각이 들면 먹여주며, 나쁜 짐승이 가까이 오면 살려는 마음을 잊은 듯이 목숨을 걸고 맞선다. 새끼가 자란 뒤에 어미가 또 새끼를 배었을 때는 어리석게도 다 자란 새끼가 자기 새끼인 줄도 모르고, 다른 무리 보듯이 하면서 다가오면 하악질하며 반드시 멀리하고 피한다. 고양이는 모두 그러하니, 이것이 내가 내 고양이를 귀하게 여기는 까닭이다.

사람과 동물은 똑같이 천지의 성性을 받아 태어난다. 성性 가운데 온전한 것을 얻으면 사람이 되고, 치우치고 막힌 것을 얻으면 금수가 된다. 치우치고 막힌 것 가운데서도 심하지 않은 것과 심한 것이 있으니, 마치 사람의 마음에 천리天理를 갖추고 있지만 군자가 되거나 소인이 되는 것과 같다. 지금 고양이가 서로 핥아주는 것은 천성이 심하게 막히거나 치우치지 않아서인가. 그렇지 않다면 오히려 교화되어서 그런 것인가. 금수도 오히려 교화되는데, 사람만 교화되지 않는 것인가.

형산衡山의 구름을 개게 할 수 있고, 악어를 옮겨가게 할 수는 있으면서, 임금의 마음을 되돌리거나 간교한 사람의 마음을 교화시킬 수는 없는 것인가.[2] 아마도 사심이 없는 것은 교화할 수 있고, 사심이 있는 것

---

2 형산의……것인가 : 소식蘇軾의 《동파전집東坡全集》〈조주한문공묘비潮州韓文公墓碑〉의 "공의 정성이 형산의 구름을 개게 하였으나 헌종의 미혹함은 돌리지 못하였고, 악어의 포악함을 길들였으나 황보박·이봉길의 비방은 그치게 하지 못하였고, 남해의 백성들에게 믿음을 받아 사당에서 백세토록 제

은 교화하기 어려워서가 아니겠는가. 사심이 없는 것은 하늘이고, 사심이 있는 것은 사람이다.

지금 주인이 다른 부류를 교화할 만큼 현명해서 예전에는 시기하고 난폭하던 것을 지금은 자애롭게 변화시켰다고 한다면, 이치상으로도 진정 알기 어렵고 사리상으로도 그렇지 않은 듯하다. 형산의 구름은 저절로 걷혔고, 악어는 스스로 옮겨갔는데, 사람들은 한유에게 공을 돌렸으니, 역시 모르겠다.

객이 "선생의 말씀과 같이 금수가 모두 같아 귀할 것이 없다면 천하에 상서로움이 없겠습니다."라고 말하자, 선생이 말하였다. "그렇지 않습니다. 똑같은 존재입니다. 덕이 있으면 상서로움이 되고 덕이 없으면 요괴가 됩니다. 나에게 덕이 없다면 비록 열 마리 고양이가 서로 핥아준들 무슨 도움이 되겠으며, 나에게 덕이 있다면 백 마리 고양이가 서로 잡아먹은들 무슨 손해가 되겠습니까? 그러나 온 집안 사람들에게 키우는 고양이를 보게 하였더니 이처럼 서로 시기하지 않고 자애로워지는데, 하물며 사람들이 사이좋게 지내는 것을 보면 어떠하겠습니까? 같이 입고 같이 먹으며, 같은 것을 좋아하고 같은 것을 싫어하여 한 몸처럼 서로 좋아하며 딴마음을 먹지 않아서 친애하는 정을 더욱 돈독히 할 것이니, 지금 고양이들이 서로 핥아주는 것을 상서롭다고 말해도 괜찮지 않겠습니까?"

향을 받으나 그 몸은 하루도 조정의 위에서 편안히 있지 못하였으니, 공이 능한 것은 하늘의 일이요, 능하지 못한 것은 인간의 일이었다."라고 한 것을 인용한 것이다.

✱ **이륙李陸(1438~1498)**

자는 방옹放翁·부휴자浮休子, 호는 청파青坡이고, 본관은 고성固城이다. 1459년 생원·진사시에 합격하였고, 1464년 문과에 장원급제하였다. 1466년 발영시拔英試에 급제, 1468년 중시 문과에 급제하였다. 호조·병조 참판 등을 지냈다. 《성종실록》 편찬에 참여하였으며, 저서로 《청파집青坡集》, 《청파극담青坡劇談》 등이 있다.

이 작품은 《청파집》 권2에 실려 있다.

02. 고양이가 쥐를 잡은 것에 대한 설

최연

　내가 큰 집에 세를 내고 우거할 적에 집에 영주永州 어떤 사람의 쥐[3]같은 쥐가 있었는데, 항상 낮에 떼 지어 다니면서 눈을 부릅뜨고 제멋대로 하였다. 상 위에서 수염을 쓰다듬기도 하고 문틈으로 머리를 내밀기도 하며, 담장을 뚫고 서까래를 파서 방에 온전한 곳이 없었다. 상자에 구멍을 내고 광주리를 씹어 뜯었으며, 옷걸이엔 온전한 옷이 없었다. 문짝을 흔들고 장막을 움직이고 소반을 뒤집고 그릇을 핥았으며, 보리 싹을 먹고 책상을 갉아대고 시렁 위의 책을 먹어 거의 다 없애버리는 지경에 이르렀다.

　빠르고 교활하여 순식간에 위아래로 빠르게 돌아다니고 부산하게 출입하며 밤새도록 찍찍 시끄럽게 굴었다. 내가 퍽퍽 치고 짜증 내며 위협했지만 조금도 두려워하거나 거리낌이 없었다. 슬며시 몽둥이를 던져 몰아내거나 놀라게 하면 잠시 엎드려 있는 듯하더니 조금 뒤에 다시 일어났다. 물을 뿌리자니 담장을 무너뜨릴까 염려되고 연기를 피우려니 나무를 태울까 두려웠다. 돌을 던지면 그릇으로 피하고 잡으려고 하면 쥐구멍으로 숨었다. 저주하자니 부적이 없고 겁을 주자니 칼도 없었다. 나는 쥐새끼가 내 물건을 해칠 뿐만이 아니라 내 몸을 물까 염려되었다.

3　영주……쥐 : 유종원柳宗元의 〈삼계三戒〉에 나오는 우언으로, 영주永州의 어떤 사람이 자기가 태어난 해가 자년子年이고 쥐는 자子의 신神이라고 생각하여, 쥐가 곳간과 집안에서 활개를 치는데도 잡지 않고 그대로 두었더니 그 쥐들이 기세등등하게 온 집안의 물건을 모두 갉아댔다고 하였다.

나는 너무 근심스러워 이웃집 고양이를 얻어와 으슥한 곳에 두고 쥐를 잡게 하였다. 그런데 고양이는 쥐를 보자 자세히 살피다가 못 본 척하더니 잡지 않을 뿐만 아니라 심지어 친하게 지내기도 하자, 쥐떼는 갉아 놓은 구멍에 모여 더욱 제멋대로 굴었다. 내가 탄식하며 "이 고양이는 사람이 키워서 해야 할 일을 게을리한다. 법관이 부정을 저지르는 자를 부지런히 척결하지 않고, 힘센 관리가 부지런히 적을 막지 않는 것과 무엇이 다르겠는가?"라고 하였다. 한참 동안 한탄하다가, 허탈해하며 "장차 너를 버리고 떠나야겠다."라고 했다.

며칠이 지나 어떤 이가 "우리 집 고양이는 매우 사납고 용맹스러워 쥐를 잘 잡는다."라고 하였다. 마침내 그 고양이를 구해서 데려다 놓으니, 동공을 세운 것이 금빛으로 번득이고, 털은 표범 같은 무늬를 가졌으며, 이를 갈고 발톱을 세워 낮에는 순찰하고 밤에는 정탐하였다. 쥐구멍에 가서 코를 벌름거리며 들이대다 쥐의 낌새를 알아차리면 웅크려 가만히 있다가 허리를 굽히고 귀를 눕혔다. 이윽고 구멍에서 쥐 수염이 흔들리는 것을 보고 움직였다 하면 모조리 다 잡았다. 머리를 부수고 창자를 찢으며 눈을 도려내고 꼬리를 제거하니 12일도 안 되어 쥐떼가 납작 엎드렸고, 쥐의 모든 기술[4]은 바닥났다. 모든 문은 씻은 듯 깨끗해지고 구멍은 거미줄로 메워졌다. 예전에 찍찍거리던 것들이 조용히 자취를 감추자, 집기와 옷가지들이 하나도 훼손된 것이 없었다.

---

4 쥐의……기술 : 쥐가 지닌 다섯 가지의 졸렬한 기예를 말한다. 곧 날 수는 있지만 지붕에 오르지는 못하고, 헤엄은 치지만 계곡을 건너지는 못하며, 나무에 오를 수 있으나 꼭대기까지는 오르지 못하고, 달릴 수는 있으나 사람보다 **빠르지는** 못하며, 굴을 팔 수 있지만 제 몸도 다 가리지는 못한다고 한 데서 온 말이다. 《시경詩經》〈석서碩鼠〉)

쥐는 본래 음침한 족속이라 늘 사람을 무서워하는데, 지난 횡포가 깊은 모략과 원대한 식견, 대담하고 굳센 힘이 있어서 사람을 업신여긴 것이겠는가? 그저 사람이 막는 방법을 몰랐기 때문에 쥐가 교활하게 제멋대로 굴어 저 지경에 이른 것일 뿐이다.

아, 사람이 쥐보다 영험하지만 쥐를 제지할 수 없고, 고양이는 사람보다 영험하지 않지만 쥐는 고양이를 두려워한다. 하늘이 만물을 낳을 때 각각 직분을 둔 것이 이와 같도다. 지금 둥근 머리에 네모난 발을 가진 사람 중에 이름을 훔치고 의리를 좀먹으며, 이익을 탐하고 남을 해치는 것이 쥐보다 심한 자가 많다. 국가를 소유한 자가 어찌 그들을 제거할 방법을 생각하지 않는가? 고양이가 쥐를 잡는 것을 내가 보니, 사악함을 제거하는 것과 비슷한 점이 있었다. 그래서 가만히 느낀 점이 있어 마침내 이 글을 짓는다.

✽ **최연崔演(1503~1549)**

자는 연지演之, 호는 간재艮齋이고, 본관은 강릉이다. 1525년에 생원·진사시에 합격하고, 같은 해 문과에 급제하였다. 병조 판서·지중추부사를 역임하였다. 문집으로 《간재집艮齋集》이 있다. 시호는 문양文襄이다. 이 작품은 《간재집》 권11에 실려 있다.

03. 고양이를 기르는 것에 대한 설

권호문

옛사람에게 '닭을 기를 적엔 살쾡이를 기르지 않는다.'[5] '군자를 등용하는 사람은 소인을 물리친다.'[6]라고 들었다. 이것은 이익을 취하고 해를 없애려는 것이다. 이익을 취하지 않으면 해가 많을 것이니, 아마도 나라를 좀먹고 집안을 어지럽히지 않는 자가 드물 것이다. 우리 집에서 새끼 고양이 한 마리를 길러 그 이치를 시험해 보았다. 무슨 시험인가?

우리 집안은 본래 가난하여 상자나 창고에 쌓아둔 것이 없어 물건에 피해가 생기는 것을 걱정하지 않았다. 그러다 가을에 곡식을 거두자, 쥐떼가 순식간에 모여 벽을 뚫거나 문을 엿보고 들보에서 시끄럽게 하거나 평상을 뛰어다녔다. 옷을 물어뜯어 여러 군데 구멍을 내고 곡식을 훔치러 수없이 굴을 팠으니, 피해가 막심하였다.

이 쥐를 소탕할 방법이 없어 이웃집의 작은 고양이를 얻어와 사랑으로 길렀다. 수개월이 지나 고양이는 큰 쥐를 후려쳐 몰살시킬 꾀를 냈다. 아침에는 담장 쥐구멍 곁에 있었고 저녁에는 항아리 사이를 엿보아 반드시 쥐를 잡아 다 먹은 뒤에야 만족하였다. 이것이 고양이의 본성이며 마치 주인을 위해 피해를 없애준 것 같았다. 나는 애지중지하여 매번

---

5 닭을……않는다 : 왕자연王子淵의 〈사자강덕론일수四子講德論一首〉에 나오는 말로, "닭을 기르는 사람은 살쾡이를 기르지 않고, 가축을 기르는 사람은 승냥이를 기르지 않고, 나무를 심는 사람은 벌레를 근심하고, 백성을 보호하는 사람은 도적을 제거한다."라고 하였다. 《문선文選》

6 군자를……물리친다 : 구양수歐陽脩의 〈붕당론朋黨論〉에 나오는 말이다.

남은 음식 중에 맛있는 것을 먹였고, 또 굶주린 개가 고양이를 쫓아와 물지 못하게 하였다.

고양이의 눈동자는 해그림자처럼 커졌다가 작아지고, 고양이의 발은 민첩한 원숭이처럼 오르내렸다. 고양이가 쥐를 잡을 때 어찌 야인의 칼로 쥐를 물리치거나,[7] 장탕張湯이 쥐를 심문한 것[8]같이 해야만 우리 집을 편안하게 할 수 있겠는가?

아, 나라에 녹을 먹는 자들이 진실로 도성과 사직의 여우와 쥐 같은 놈들을 제거하지 못한다면, 장차 저 관리를 어디에 쓰겠는가? 짐승의 몸에 사람의 마음을 가진 것도 있고 사람의 얼굴에 짐승 같은 마음을 가진 자도 있다. 세상에는 사람이면서도 쥐 같은 놈이 많다. 애석하도다, 임금이 입혀주는 옷을 입고 임금이 주는 밥을 먹으면서도 자신의 직분을 수행하지 않는 자들아, 어찌 내 고양이에게 부끄러움이 없느냐?

---

7 야인의……물리치거나 : 소식蘇軾의 〈각서도명却鼠刀銘〉에 "야인이 칼을 가지고 있다가 아끼지 않고 나에게 주었네.……서둘러 나의 칼을 갈려고 대야 물을 받아왔지만, 불을 때어 물이 끓기도 전에 쥐가 흔적 없이 사라졌네."라고 한 데서 온 말이다. (《동파전집東坡全集》)

8 장탕이……것 : 장탕이 어렸을 적에 쥐가 고기를 훔치자, 쥐구멍을 파서 쥐를 잡아 심문하고 쥐를 찢어 죽였다는 일화가 전한다. (《사기史記》〈장탕열전張湯列傳〉)

✻ 권호문權好文(1532~1587)

자는 장중章仲, 호는 송암松巖이고, 본관은 안동이다. 이황에게 수학하였고, 1561년 진사시에 합격하였다. 저서로《송암집松巖集》이 있다.
이 작품은《송암집》속집 권6에 실려 있다.

04. 고양이와 개를 기르는 것에 대한 설

이수광

　고양이의 본성은 쥐를 잘 잡고, 개의 본성은 짐승을 잘 쫓는다. 이 짐승들을 좋아하는 어떤 사람이 있었다. 재주가 어떠한 지는 가리지 않고, 오직 몸집은 크고 털은 윤이 나면서 잘 따르는 것을 데려와 먹이를 많이 주었다. 고양이와 개의 몸집은 나날이 커지고 털은 나날이 윤이 나서 보는 사람마다 남다르다고 칭찬하였다.
　그러나 고양이에게 쥐를 잡게 하면 아무 것도 보이지 않는 것처럼 하였으며, 개에게 짐승을 쫓게 하면 아무 소리도 들리지 않는 것처럼 하였다. 이미 배가 불렀을 뿐만 아니라 몸집도 비대해져 민첩하지 못하기 때문이다.
　이 사람은 키우는 동물들이 하찮은 재주를 가졌다 하여 쫓아내지 않고 더욱 사랑하며 길러주니, 고양이와 개는 매일 배불리 먹고 편안히 잘 뿐이다. 그럼에도 이놈들은 밥과 고기를 훔쳐 먹어 더욱 살을 찌우고, 종종 돗자리에 토하며 계단과 마당에 오물을 남겼는데도 그 사람은 깨닫지 못하였으니, 이 어찌 짐승의 본성이 그러한 것이겠는가. 제대로 가려서 취하지 못한 잘못과 제대로 키우지 못한 과오에서 비롯한 것이다. 아, 임금이 장수를 기용하는 방법도 이와 같으리라.

❋ 이수광李睟光**(1563~1628)**

자는 윤경潤卿, 호는 지봉芝峯이고, 본관은 전주이다. 1585년 문과에 급제하였다. 성균관 대사성·대사헌·예조 참판 등을 지냈다. 저서로《지봉유설芝峯類說》·《지봉집芝峯集》등이 있다.

이 작품은《지봉집》권21에 실려 있다.

05. 고양이 두 마리에 대한 설

이수광

집에 쥐를 잘 잡는 고양이가 있었는데, 키운 지 몇 해가 되었다. 나중에 어디서 왔는지 모르는 작은 고양이 한 마리가 나타나 떠나려 하지 않고 눌러앉았다. 고양이 두 마리가 함께 지냈는데, 작은 고양이가 큰 고양이에게 감히 대들지 못했다. 큰 고양이가 움직이면 작은 고양이는 따라다니고, 가만히 있으면 뒤에 있었다. 먹을 때면 작은 고양이가 곁눈질하다가 큰 고양이가 다 먹고 나면 그제야 먹었다. 큰 고양이도 다 먹지 않고 반드시 밥을 남겨 돌아보면서 작은 고양이에게 주었으니, 마치 서로 양보하는 듯하였다. 고양이는 인자한 짐승이 아니어서 은밀하게 해치고 움켜쥐고 물어뜯기를 일삼는데, 두 고양이의 행동이 이와 같았다.

아, 세상 사람 중에는 예의염치가 무엇인지 살피지 않고 작은 이익이라도 만나면 번번이 다투고, 서로 해치기까지 하는 자도 있으니, 이런 사람은 진정 겉모습만 사람이지 마음은 짐승인 자이다. 이로써 말하자면 사람 중에는 고양이 같은 사람이 있고, 고양이 중에는 사람 같은 고양이가 있으니, 어떻게 겉모습만으로 알아차릴 수 있을까?

✽ 이 작품은 《지봉집》 권21에 실려 있다.

06. 쥐와 고양이에 대한 설

김중청

　구전옹苟全翁[9]이 관직을 그만두고 돌아와서 마을의 작은 집을 빌려 살았는데, 집이 후미지고 오래되어 큰 쥐가 많았다. 쥐들은 찍찍거리며 갉아대고 어지럽게 이리저리 뛰어다니면서 사람을 조금도 피하지 않았다. 구전옹이 실로 어찌할 방법이 없자, 이내 아녀자들이 이웃의 고양이를 빌려 쥐를 없애려 하였다.
　고양이가 집에 와서 어두운 틈에 몸을 던져 장독 아래에서 눈을 부릅뜨고 있다가, 두목 쥐를 맞닥뜨리면 포획하여 안채 한가운데서 포효하며 한껏 먹어 치웠다. 후미진 통로에 피가 흩뿌려지고 궁벽한 쥐구멍에 위엄을 떨치니, 초저녁부터 새벽까지 쥐들이 더 이상 날뛰지 않았다. 그리하여 구전옹은 편안히 잘 수 있었다. "요놈이 해로움을 없애니 만약 수일 밤을 머무르게 하면 내 근심을 길이 없애줄 것이다."라고 하면서, 마침내 고양이를 넉넉하게 먹이고 머무르게 하였다.
　다음 날 밤, 쥐들이 모두 벽을 타고 달아나 곧장 천장으로 올라가서 들보 사이에 자취를 숨기고 소리를 내다 말다 하면서 들보를 갉아댔다. 고양이가 꼬리를 치켜들고 그르렁거리며 머리를 들고 뚫어지게 쳐다보았지만, 끝내 힘을 쓸 수 없었다. 그러자 쥐들이 업신여기며 날뛰는 것이 날로 더욱 심해졌다. 마침내 고양이 머리 위에 똥오줌을 갈기자, 고양이는 사납게 성내고 흘겨보며 미친 듯이 날뛰다가 기운을 다하고서야

9　구전옹 : 이 글을 지은 김중청의 호이다.

그만두었다.

  쥐는 일개 비천하고 더러운 생물이지만 세를 얻어 의탁하면 고양이라도 쫓아낼 수 없다. 쫓아낼 수 없을 뿐만 아니라 도리어 농락당한 것 또한 적지 않다. 쥐들이 두목을 따라 하여 그 해가 점점 심해져 천장을 부수고 들보를 무너뜨려 결국 집이 무너진 뒤에야 멈추니, 고양이가 무슨 소용이 있겠는가. 구전옹이 어떻게 고양이를 꾸짖겠는가.

천계天啓[10] 기원 신유년(1621) 1월,
계장동桂場洞[11] 금서소와琴書小窩에서 쓰다.

✱ **김중청金中淸(1566~1629)**

  자는 이화而和, 호는 구전苟全이고, 본관은 안동이다. 1610년 문과에 급제하였다. 박승임朴承任·조목趙穆·정구鄭逑에게 수학하였다. 승정원 승지 등을 지냈으나, 인조반정 후에는 조정에 나가지 않았다. 저서로 《구전집苟全集》 등이 있다.

  이 작품은 《구전집》 권5에 실려 있다.

---

10 천계 : 명明나라 희종熹宗의 연호로, 1621~1627년 동안 사용되었다.

11 계장동 : 경상북도 봉화군에 있었던 지명이다.

07. 고양이를 꾸짖는 것에 대한 설

박인

고양이의 직분은 쥐를 잡는 것이어서, 집에서 반드시 기르는 동물이다. 우리 집에도 고양이 한 마리가 있는데, 처음에 명주실 한 타래를 주고 이웃집에서 데려와 죽이나 밥을 먹이다가 두꺼비를 먹였다. 기르기가 꽤 힘들었지만 소홀히 하지 않았던 이유는 고양이에게 쥐구멍을 막아서 쥐가 담을 뚫거나 곡식을 훔치는 근심을 막고자 한 것이다.

고양이가 조금 자라자, 꼬리를 흔들며 용맹을 뽐내고 발톱을 갈며 위력을 드날렸다. 닭과 병아리를 볼 때마다 발을 종종거리고 호시탐탐 노리다가 닭을 붙잡아 물었다. 고양이를 겁주면 내버리고 달아나기도 하고 어두운 곳으로 끌고 들어가 버리기도 하는데, 이런 것이 하루에 한두번이 아니었다. 저 움집 아래에 우글우글하며 뜰에서 쪼아 먹던 닭들이 날마다 줄어들었으니, 산동山東 땅이 진秦나라에 모두 잠식당한 것[12]과 다를 바가 없었다.

집안사람들이 괴롭게 여겨 회초리로 고양이의 등을 채찍질하고 노끈으로 목줄을 채워 문지방 사이에 묶어 두었다. 몇 개월 동안 묶여 있으면서 고통을 받았으니, 줄로 묶여 있던 곳은 가죽이 모두 벗겨져 상처가 났고, 털이 뒤집히고 뼈가 드러났으며, 귀를 축 늘어뜨리고 눈을 감고 있었다.

---

12 산동……것 : 전국시대 때, 진秦나라의 세력이 강해져 산동 지역의 제후국을 차례로 수복해 나간 형세를 말한 것이다. 《사기史記》〈시황본기始皇本紀〉

내가 처음에는 부지런히 기르다가 끝내 죽이는 데 이르는 것이 애달파 이내 손수 끈을 풀어 놓아주었다. 얼마 뒤 병아리 한 마리가 가까이 다가오자 갑자기 눈을 부릅뜨고 뛰쳐나가 병아리를 낚아채 달아났다. 나는 곧장 아이에게 쫓아가 뺏어오게 하고, 다시 예전에 묶어 두었던 끈으로 매어놓고 꾸짖었다.

"너는 비록 미물이지만 사람이 길러주었으니 생각과 개념이 더러 있을 터인데, 처음에는 욕심으로 미혹되었을지라도 고통을 심하게 받으면 뉘우칠 줄 알았다. 너는 지금 매를 맞았는데도 뉘우치지 않고, 묶여 있었는데도 고치지 않아서 놓아주었다가 다시 묶인 것이다. 이는 반드시 본성을 버리고 몸을 없애버리더라도 끝내 자기 마음을 바꾸어 악함을 고치지 못한 것이니, 슬프구나! 공자께서 '몹시 어리석은 사람은 기질이 변하지 않는다.'[13]라고 하셨으니, 네 놈도 동물 중에 기질이 변하지 않는 놈이구나!"

아, 사람은 오행의 빼어남을 얻어 만물의 영장이 되었는데도 도리어 기질이 치우친 동물처럼 되어버린 경우를 어찌 헤아릴 수 있겠는가. 좀도둑질이나 간사한 짓을 하고 재물 때문에 사람을 죽여[14] 형틀에 묶이는 것은 바로 보통 사람으로서 고양이 신세가 된 것이다. 관직에 있으면서 탐욕스러워 백성의 재물을 빼앗아 형틀에 묶이는 것은 바로 사대부

---

13 몹시……않는다 : 《논어論語》〈양화陽貨〉에 나오는 말이다.

14 좀도둑질이나……죽여 : 《서경書經》〈강고康誥〉에 "백성들이 스스로 죄를 저질러 강도짓을 하고 훔치며 속이고 도둑질하며 재물 때문에 사람을 죽이거나 쓰러뜨리고도 사나워 죽음을 두려워하지 않는 자를 미워하지 않는 이가 없다."라고 하였다.

로서 고양이 신세가 된 것이다. 온 세상에 드러나는 것이 이 고양이와 같으니, 어찌 이 고양이만 심하게 나무랄 수 있겠는가.

❋**박인朴絪(1583~1640)**
자는 백화伯和, 호는 임헌臨軒·무민당无閔堂이고, 본관은 고령이다. 정인홍鄭仁弘에게 수학하였다. 저술로는 《무민당문집无閔堂文集》이 있다. 이 작품은 《무민당문집》 4권에 실려 있다.

08. 고양이에 대한 설

조석형

고양이는 여러 가지 별명이 있으니, '괭이'·'몽귀蒙貴'·'오원烏圓'이다. 전기傳記나 여러 사람의 시어詩語 등 여기저기에서 나왔으니, 그 유래가 오래되었다.

고양이의 성질은 사람에게 허물없어, 길러질 때는 사람이 먹는 것을 바라보고, 거처할 때는 사람이 다니는 길 곁에 있다. 고양이의 기술은 쥐보다 뛰어나다. 담벼락의 구멍을 몰래 정탐하여 살금살금 기어서 숨소리도 내지 않고, 꿈쩍도 하지 않다가 쥐가 나와서 놀기를 기다려 잡는다. 털이 난 짐승 중에 날쌔기로는 쥐만 한 것이 없지만, 고양이에게 잡히지 않는 쥐는 한 마리도 없다. 고양이를 쓰다듬어 기분 좋게 해주면 꼬리를 내리고 목에서는 골골 소리를 내며, 잠을 자는 듯 눈을 감는다. 성질이 났을 때는 발톱을 갈고 털을 세우며, 꼬리를 내리고 등을 말아올리며, 발톱을 길게 빼어 할퀴거나 하악질하며 덤벼들어 칼도 겁내지 않는다.

내 들으니, 원수진 사람이 잡은 고기를 먹으라고 던져주자 그 사람의 목을 물었는데, 칼로 고양이의 목을 베어 두 동강이 내었는데도 깨문 것을 풀지 않았다고 한다. 아, 고양이의 지독함이 과연 어떠한가.

당나라 속담에 이의부李義府를 가리켜 '이묘李猫'라고 하였으니,[15] 충

---

15 당나라······하였으니 : 이의부는 당唐나라 고종高宗 때의 간신으로, 겉과 속이 달라 사람들이 "그 웃음 속에 칼이 있다."라고 하며 인묘人猫라 불렀다고 한다.

성스럽고 어진 신하를 모함에 빠뜨리거나 해쳐서 나라를 망친다면 고양이에게 부끄럽지 않을 자가 거의 없을 것이다. 내가 보기에, 세상 사람들은 사소한 것에 성내고 하찮은 일을 마음에 품어 오직 독사 같은 마음을 품으니, 사람 중에 고양이 같지 않은 사람이 드물다. 내가 고양이의 성질에 느낀 것이 있어 설을 짓는다.

✽ **조석형趙錫馨(1598~1656)**
자는 자복子服, 호는 근수헌近水軒이고, 본관은 임천林川이다. 진주晉州 금산琴山에 거주하였다. 1624년 진사시에 1등으로 합격하여, 조부·부친에 이어 3대가 진사시에 1등을 하였다. 익위사 세마翊衛司洗馬·시직侍直 등에 제수되었으나 벼슬에 나아가지 않고 고향에서 학문에 정진하였다. 저서로《근수헌유고近水軒遺稿》가 있다.
이 작품은《근수헌유고》에 실려 있다.

09. 고양이가 돌아온 것에 대한 설

정지호

　고양이를 집에서 길렀는데, 일 년 동안 보금자리를 잘 마련해주고 먹이를 잘 챙겨주며 온갖 정성을 다하였다. 얼마 뒤 고양이가 집을 나가 돌아오지 않더니, 몇 개월이 지난 뒤 홀연히 돌아왔다. 끝내 나를 잊지 못해서일까? 그렇다면 자리를 잘 마련해주고 먹이를 잘 챙겨주며 정성을 다해준 결과이리라.
　그렇다면 그보다 먼저 홀연히 나를 버리고 떠났던 것은 어째서인가? 고양이는 집을 나가 몇 개월 동안 다른 사람에게 있었을 터인데, 그 사람이 온갖 정성을 다해서 보금자리를 잘 마련해주고 먹이를 넉넉하게 챙겨주었다면 나에게 돌아왔겠는가?
　저 사람이 정성을 다해 보금자리를 잘 마련해주고 먹이를 잘 챙겨주지 못했다면 어떻게 고양이가 저 사람에게 몇 달이나 있었겠는가? 그러니 저 사람이 자리를 잘 마련해주고 먹이를 잘 챙겨주어 정성을 다했던 것이 분명하다.
　고양이가 끝내 저 사람을 잊지 못해 돌아간다면 저 사람은 "고양이가 앞 사람을 홀연히 버리고 떠난 것은 어째서인가? 나에게 돌아와 의지하다가 홀연히 버리고 떠나갔으며 저 사람에게 돌아가 의지하다가 홀연히 버리고 떠나왔으니, 고양이에게는 편안한 곳이 없는가 보다."라고 할 것이다.
　나는 그래서 "결국 나를 잊지 못해서 돌아온 것을 막지 않는다."라 하고, 저 사람도 "결국 나를 잊지 못해서 돌아온 것을 막지 않는다."라고 할 것이다. 고양이가 떠나도 서로 찾지 않으니 이 정도면 충분하다. 옛날에 선왕이 오랑캐에 대해서도 그렇게 하셨다.[16] 고양이에게 느낀점이 있어서 글을 적는다.

✻ **정지호**鄭之虎(1605~1678)
 자는 자피子皮, 호는 무은霧隱이고, 본관은 동래東萊이다. 1637년 문과에 급제하였다. 도승지·형조 참판 등을 역임하였다. 저서로《무은집霧隱集》이 있다.
 이 작품은《무은집》권3에 실려 있다.

---

16 선왕이……하셨다 : 소식蘇軾의 〈왕자불치이적론王者不治夷狄論〉에 "오랑캐는 금수 같아서 다스리기 어려운데 잘 다스리려고 하면 큰 혼란에 빠질 것이다. 그래서 옛날의 성군들도 다스리지 않는 방법으로 다스렸다."라고 한 데서 온 말이다. (《동파전집東坡全集》)

10. 고양이가 쥐를 잡는 것에 대한 설

김양렬

　내가 원재院齋에서 밤에 객과 마주 앉아 있는데, 고양이 한 놈이 담장 아래에 웅크리고 있었다. 귀를 쫑긋거리고 꼬리를 살랑살랑 흔들며 눈을 부릅뜨고 숨죽여 엿보는 듯하였다. 그런데 갑자기 큰 쥐가 집 아래 구멍에서 나와 찍찍거리며 고양이가 옆에 있는 줄도 모르고 벽을 타고 지붕 위로 올라가려고 할 참이었다. 그러자 고양이가 있는 힘껏 훌쩍 뛰어올라 잡아채고선 쩝쩝거리며 뼛조각 하나도 남기지 않고 씹어 먹었다.

　내가 "통쾌하다!"라고 했더니, 객이 "죽는 걸 보니 측은한 마음을 참을 수가 없건만, 지금 그대의 통쾌함은 인仁을 행하는 방법을 해치는 게 아닙니까?"라고 하였다.

　내가 말하였다. "이것이 바로 인을 행하는 방법입니다. 인과 위엄은 함께해도 어그러지지 않습니다. 그래서 하늘은 만물을 낳는 인이 있으면서도 생명을 거두는 위엄이 있습니다.

　저 쥐란 족속은 담장이나 집 밑에 굴을 파고 살면서 번식합니다. 낮에는 숨어 있다가 밤이면 나와서 제멋대로 물고 뚫어, 작게는 집에 쌓아 둔 곡식을 해치고 크게는 서가에 꽂아 둔 서적을 파손하며, 심지어 사당 안의 상과 돗자리까지 망가뜨립니다. 어찌 더럽지 않다고 보장하겠습니까.

　쥐구멍에 연기를 피워 쫓아내고 싶어해도 집을 태울까 걱정스럽고, 물을 대어 쫓아내고 싶어도 담장이 무너질까 두려우니, 지혜로운 안

영영嬰[17]이 다시 태어나더라도 재앙을 없앨 방법을 생각해 내지 못할 것입니다.

저 쥐의 죄악이 가득 찼기 때문에 하늘이 쥐의 난폭함을 용서치 않으시고 고양이에게 위엄을 빌려주어 대대적으로 주살하게 하였으니, 제가 통쾌하게 여기는 것은 천지가 생명을 거두는 마음이 아니겠습니까? 그러니 이 생명을 거두는 가운데 만물을 낳는 어진 마음이 없겠습니까?"

객이 말하였다. "저 쥐 정도의 난폭함으로도 천벌을 받는데, 지금 관직에 있는 큰 쥐새끼 같은 탐관오리는 내 곡식을 먹어 치우고, 대낮에도 제멋대로 굴면서 두려움과 거리낌이 없으니, 천벌을 피할 수 있겠습니까!"

나는 객의 말에 더욱 통쾌해 하며, 동자에게 촛불을 밝히게 하고 이 이야기를 적는다.

✱ **김양렬金揚烈(1624~1703)**

자는 극소克紹, 호는 청휴재清休齋·소실산인少室山人이고, 본관은 안동이다. 1651년 생원시에 합격하였으나, 은거하며 학문을 닦고 후학을 양성하였다. 저서로《청휴재선생문집清休齋先生文集》이 있다.

이 작품은《청휴재선생문집》권2에 실려 있다.

---

17 안영 : 춘추시대 제齊나라의 명재상이었다. 청렴하고 강직하였으며, 특히 외교에 뛰어났다.

11. 고양이에 대한 설

남구명

4월, 관아에 병이 돌기에 관아를 나와 시골집에 우거하였다. 이웃집 고양이가 늘 오가며 사람의 동정을 잘 살피면서 그릇을 찾아 음식을 훔치는데, 가지 않는 곳이 없었다. 매달아 놓은 고기를 보면 이를 갈고 침을 삼키며 훌쩍 몸을 던져 기필코 낚아채 먹은 뒤에야 그만두었다. 노비들이 이를 괴롭게 여겨 몽둥이를 들어 쫓아내기도 하고, 개에게 물라고 부추기거나 덫을 설치하여 잡기도 하였다. 노끈으로 묶어 채찍으로 때려서 한껏 혼낸 뒤에야 풀어주었다. 그렇지만 고양이의 도둑질이 갈수록 심해져 노비들이 대책을 강구하며 "이 고양이는 몇 번이나 죽도록 혼났지만 하는 짓이 똑같으니, 분명 굶주렸기 때문이리라. 일단 밥을 주면서 고양이의 행동을 지켜보는 것이 좋겠다."라고 하고는, 밥을 조금씩 꺼내 주었다.

이때부터 고양이가 아침저녁으로 올 때마다 밥을 주었다. 그제야 고양이가 마음을 고쳐먹고 습성을 바꾸어 아무리 생선과 고기가 널려 있어도 본체만체하며 입도 대지 않았다. 사람과 친해져 잘 따라다니고 나날이 길들자, 노비들도 애정으로 키웠다. 내가 이를 보고 침이 마르도록 감탄하였다.

"아, 미물도 굶주림과 갈증으로 정신이 나가면 그 정도正道를 잃는구나. 밥 한 그릇을 얻자마자, 전에 하던 짓을 고쳐 착한 본성을 온전히 회복하였다. 고양이가 애초에 사람의 음식을 훔치고도 부끄러운 줄 몰랐던 것이 어찌 본심이랴.

여기 제주도는 본래 도적이 없어서 밤에 문도 닫지 않고 나그네가 들에서 밤을 보낼 만큼 습속이 훌륭하였다. 그런데 대기근이 든 뒤로 인심이 크게 바뀌어 도적이 벌떼처럼 일어나 관아와 민가의 마소, 백성의 곡식과 비단을 닥치는 대로 마구 훔쳐 갔다. 잡아서 심문하면 '아이고, 열흘 넘게 먹지 못했습니다.'라고 하거나 '아이고, 죽을 것 같으니 차라리 한번 배불리 먹고 죽으렵니다.'라고 하였다. 그 죄는 다스릴 수밖에 없지만, 그 사정 또한 심히 딱하지 않은가.

내가 살펴보니, 겨울이 지나고 봄이 와서 세찬 바람을 타고 곡식을 실은 배가 연이어 오면 여기저기서 들려오던 도적에 대한 보고가 잠잠해졌다. 그러다 파도가 험해서 북쪽에서 오던 배가 끊기면 마을마다 도적을 잡았다는 보고가 하루에도 대여섯 번씩 이르렀다.

나는 이를 통해 '배부르면 백성이요 배곯으면 도적'이라는 것을 알았다. 하루 먹을 수 있으면 하루 동안 도적질하지 않고, 열흘 먹을 수 있으면 열흘 동안 도적질하지 않았다. 누군들 부모를 봉양하고 처자를 거느린 몸으로, 도적의 구렁텅이에 자신을 내던져 결국 헤아릴 수 없는 주벌을 받으려 하겠는가.

속담에 '사흘을 굶주리고도 도적질하지 않는 이가 드물다.'라고 하였다. 어쩔 수 없는 지경에도 한 가닥 염치를 지킬 수 있는 자는 오릉於陵의 중자仲子[18] 뿐이니, 어찌 이들을 탓할 수 있겠는가. 이 섬은 불행하게

---

18 오릉의 중자 : 전국시대 제齊나라의 청렴한 선비로, 소소한 청렴결백을 주장한 나머지 대의를 저버린 사람의 대명사로 쓰인다. 오릉은 지명이며, 중자는 진중자陳仲子의 약칭이다. 모친이 주는 음식과 형의 저택을 불의한 것이라 하여 물리치고, 오릉에 은거하며 자신은 짚신을 만들어 팔고 아내

도 육지와 멀고 험한 곳으로 사람마다 곤경에 처해서 목숨과 형세가 가련한 것을 마음으로는 알지만 모두 법률로 다스렸다. 매를 맞다 죽거나 옥중에서 죽기도 하고, 몰락하여 관노비가 되거나 강등되어 진영鎭營의 구실아치가 되기도 하니, 내가 이러한 일을 어찌 즐거워하리오? 한 사람 처벌할 때마다 머리와 수염이 하얗게 세건만, 용서할 만한 죄라고 생각하지 않는다. 다만 궁색한 것을 애달파하고 그 사정을 가엾게 여겨 탄식하며 눈물을 그칠 수 없을 뿐이다.

아, 누군들 본성이 없고 누군들 염치가 없으리오? 그러나 기근에 허덕여 성정을 잃어버렸으니 살아서는 강도가 되고 죽어서는 흉귀가 된다. 이들이 행실을 고쳐 선을 따르고 태평성대의 백성으로 거듭나고자 한들 가능하겠는가. 마침내 어진 짐승이 되어 다시 사람에게 사랑받은 이 고양이만도 못하니, 몹시 슬프도다."

* **남구명南九明(1661~1719)**

자는 기서箕瑞, 호는 우암寓菴이고, 본관은 영양英陽이다. 1687년 진사시에 합격하고, 1693년 문과에 급제하였다. 제주 판관·순천 부사를 지냈다. 순천에 동비銅碑가 세워졌고 제주의 죽림사竹林祠에 제향되었다. 저서로《우암집寓庵集》이 있다.
이 작품은《우암집》권4에 실려 있다.

는 길쌈하여 청빈한 생활을 하였다. 맹자는 "이는 사람의 윤리를 저버리고 소소한 청렴에 급급한 행위이다."라고 비난하였다. 《맹자孟子》〈등문공滕文公 하下〉)

12. 죽은 고양이를 묻어주다

이순

　내가 기르던 고양이가 죽었을 때 궁인에게 싸서 묻어주라고 한 것은 가축을 귀하게 여겨서가 아니라 주인을 사랑한 것을 예뻐했기 때문이다. 《예기》에 "낡은 휘장을 버리지 않는 것은 개를 묻어주기 위해서이다."[19]라고 하였다. 그 주석에서 "개와 말은 모두 주인을 위해 힘쓰기 때문에 특별히 은혜를 보여준 것이다."라고 하였다.
　고양이가 주인을 위해 힘쓴 일은 없으나 가축이면서도 주인을 사랑할 줄 아니, 내가 고양이를 감싸서 묻어준 것은 당연히 과분한 처사가 아니다.

✲ 이순李焞(1674~1720)
　　자는 명보明普, 본관은 전주이다. 조선 제19대 왕인 숙종이다.
　　이 작품은 《열성어제列聖御製》 제16권에 실려 있다.

19　낡은……위해서이다 : 《예기禮記》〈단궁檀弓 하下〉에 나온다.

13. 궁 안의 고양이 일에 관해 쓰다

이하곤

돌아가신 임금[숙종]께서 고양이를 좋아하셔서, 궁 안에서 고양이 한 마리를 키웠다. 노랗고 몸집이 매우 커서 궁인들이 '금손金孫'이라 불렀다. 궁인이 음식을 진상할 때마다 머리를 숙이고 꼬리를 늘어뜨리며 밥상 아래에 엎드려 있었는데, 임금께서 음식을 던져 주신 뒤에야 먹었으니 이처럼 한 지가 십수 년이었다.

임금께서 위독하신 날 밤 고양이가 갑자기 울부짖으며 뛰어다니니 사람들이 기이하게 생각하였다. 이때부터 아무것도 먹지 않고 마시지 않았고, 궁인들이 생선과 고기를 먹이려 해도 도망가서 먹지 않았다. 그 후 수십 일이 지나서 죽으니, 혜순대비惠順大妃[20]께서 내수사內需司[21]에 명하여 띠와 이불을 마련하여 명릉明陵[22]의 길가에 묻어주라고 하셨다.

아, 고양이는 한 마리 미물에 불과한데 길러준 은혜에 감동하여 목숨을 버리고 따라 죽기까지 하였으니, 타고난 천성이 진실로 신령하고도 기이하다고 할 만하다. 게다가 임금의 지극한 사랑과 두터운 덕이 금수에까지 미친 것을 여기에서도 볼 수 있으니, 아, 성대하도다.

---

20 혜순대비 : 조선 19대 왕 숙종의 세 번째 왕비인 인원왕후仁元王后 김씨의 시호이다.

21 내수사 : 조선시대 왕실의 재정을 관리하던 기관이다.

22 명릉 : 조선 숙종의 능호이다.

내가 이 글을 지은 뒤에 김필형金必亨[23] 군에게 다음과 같은 말을 들었다.

"선왕께서 후원後苑에서 노니실 적에 굶주림에 시달려 죽을 것 같은 어미 고양이를 보셨습니다. 고양이를 가엾게 여겨 궁인에게 키우도록 하고 '금덕金德'이라 이름을 지어주셨습니다. 금덕이가 새끼 한 마리를 낳았는데, 이 새끼 고양이가 바로 '금손'입니다. 그 뒤에 금덕이가 죽자, 묻어주라고 명하시고 〈죽은 고양이를 묻어주다〉[24]라는 글을 지어 애달파하셨으니, 《어집御集》[25]에 실려 있습니다. 금손이 먹지 않고 죽은 까닭은 선왕께서 길러준 은혜에 감동했을 뿐만 아니라, 어미를 살려주신 은혜에 감동한 것이 마침내 이러한 상황에 이른 것이니, 이것이 더욱 기이한 일입니다."

아, 모자의 천성이여! 고양이는 금수 중에서도 가장 은혜를 모른다고 하는데, 오히려 금손이는 어미를 살려준 은혜를 알고 죽음으로 보답하였다. 그러나 사람 중에 모자의 인륜을 몰라 끊어버리려는 자가 있는것은 도대체 무슨 마음이란 말인가?

경자년(1720) 10월 25일 밤에 글을 쓰다.

---

23 김필형 : 필형은 김제겸金濟謙(1680~1722)의 자이다. 김제겸의 호는 죽취竹醉이고, 본관은 안동이다. 부친은 김창집金昌集이고, 김창흡金昌翕에게 수학하였다. 1705년 진사시에 합격하고, 1719년 문과에 급제하였다. 예조 참의, 승지 등을 지냈다. 시호는 충민忠愍이다.

24 죽은……묻어주다 : 《열성어제》 제16권에 실린 숙종대왕의 〈죽은 고양이를 묻어주다[埋死猫]〉라는 글로, 이 책 136쪽에 번역해 놓았다.

25 어집 : 《열성어제列聖御製》를 말한다.

✱ 이하곤李夏坤(1677~1724)

자는 재대載大, 호는 담헌澹軒이고, 본관은 경주이다. 1708년 진사시에 합격하였으나, 관직에 마음을 두지 고향에서 학문과 서화에 힘썼다. 저서로《두타초頭陀草》가 있다.

이 작품은《두타초》16책에 실려 있다.

14. 고양이와 개

이익

　소동파는 "쥐가 없다고 해서 사냥하지 않는 고양이를 기르거나, 도둑이 없다고 해서 짖지 않는 개를 길러서는 안 된다."라고 하였다. 이는 관리란 공적과 능력으로 선발해야 하며, 하는 일 없이 녹봉만 받게 해서는 안 된다는 말이다.

　정개부鄭介夫는 "쥐를 막으려고 고양이를 키우는데, 굶주린 고양이인 줄 모르고 키운다면 음식을 도둑맞는 손해가 더욱 심할 것이다. 도둑을 막으려고 개를 기르는데, 사나운 개인 줄 모르고 기른다면 사람을 해치는 폐단이 더욱 커질 것이다."라고 하였다. 이는 아무런 보탬이 없을 뿐만 아니라, 재물을 축내고 백성을 학대하여 나라를 좀먹기까지도 하는 것을 말하는 것이다. 내가 대낮에 닭을 물어가는 고양이와 미친 듯이 달려가 도리어 주인을 무는 개를 보자니, 아이고!

✽ **이익李瀷(1681~1763)**
　자는 자신子新, 호는 성호星湖이고, 본관은 여주驪州이다. 저서로 《성호사설星湖僿說》이 있다.
　이 작품은 《성호사설》 권4에 실려 있다.

15. 금빛 고양이

이익

   중국 송나라 태종太宗이 다스릴 적에 합주合州에서 도화견桃花犬을 공물로 바쳤는데, 늘 용상 앞에서 길들였다. 태종이 몸져눕자 개는 먹지 않았고, 태종이 승하하자 개는 울부짖으며 수척해졌다.
   진종眞宗이 즉위할 적에, 개가 슬픔을 참지 못해 이리저리 끼어들며 울부짖고 배회하였다. 진종이 도화견도 태종의 장례에 참여하도록 명하자, 예전처럼 꼬리를 흔들며 먹고 마셨다. 도화견이 흰 요를 깐 큰 철장에 들어가 노부鹵簿[26] 행렬에 참여하였는데, 길에서 보는 자들이 눈물을 떨어뜨렸다. 나중에 개가 죽자 희릉熙陵[27] 옆에 묻어주었는데, 당시 사대부들이 도화견에 대한 시를 지어 노래하며 찬미하였다.
   우리 숙종대왕도 궁에서 금빛 고양이 한 마리를 기르셨다. 숙종께서 승하하시니, 고양이도 밥을 먹지 않고 죽어버리자 명릉明陵의 길가에 묻어주었다.
   '개와 말이 주인을 그리워한다.'라는 말은 예전부터 있었다. 그러나 고양이는 성질이 몹시 사나워 여러 해 동안 길들여 가까이 지냈더라도 수틀리면 하루아침에 야성을 드러낸다. 숙종의 금빛 고양이는 도화견에 비해 더욱 기이한 경우이다.

---

26 노부 : 천자가 행차할 때의 모든 의장을 말한다.
27 희릉 : 송宋나라 태종太宗의 능호이다.

❋ 이 작품은 《성호사설》 권4에 실려 있다.

16. 길들인 살쾡이

이익

'묘猫'는 길들인 살쾡이[家狸]이다. 설명하는 자가 "장건張騫[28]이 데리고 온 것인데, 서역의 차고 서늘한 기운을 타고나 코끝이 늘 차며 하짓날에만 잠깐 따뜻하다."라고 하였다. 내가 겪어 보니 하지에도 여전히 차가웠다. 어둠 속에서 꼬리를 흔들면 분명하게 불빛이 생기면서 정전기 소리가 나고 털끝이 쓰러지듯 누웠다. 사람들이 그 가죽으로 가죽옷을 만들었는데 몹시 따뜻해 담증도 없어지니, 찬 기운이 어디에 있다는 것인가. 그러나 《본초》에 "묘猫 고기는 성질이 약간 찬데, 겉은 뜨겁고 속은 차다."라고 하였으니, 또한 이상하다.

어떤 사람은 "당나라 때 삼장三藏이 데려왔으니, 쥐들이 불경佛經을 갉아 먹었기 때문이다."라고 하였다. 요즘 사람들이 그 고기를 먹어 가슴과 배의 모든 담증을 치료하는데, 이는 옛날에는 없었고 지금 생긴 방책이다.

내가 생각건대, 만약 장건이 데리고 온 것이라면 팔사八蜡[29] 가운데 '묘猫'는 어떤 동물인가. 《예기禮記》에 "밭의 쥐를 잡아먹기 때문이다."라고 했으니, 이는 분명 쥐를 잡아먹는 짐승이다. 여기에서 예로부터 이 동물

---

28 장건 : 한漢나라 무제武帝 때의 신하로, 서역에 사신을 가서 다양한 문물을 보고 돌아왔다.

29 팔사 : 옛날 천자가 해마다 농사를 마치고 12월에 선색先嗇·사색司嗇·농농農·우표철郵表畷·묘호猫虎·방방坊·수용水庸·곤충昆蟲의 여덟 신에게 지내던 제사이다.

이 있었다는 것을 알 수 있다.

《이아爾雅》에 "범 중에 털이 뭉툭한 것을 '잔묘虦貓'라고 한다."라고 하고, 주석에 '털이 짧은 범'이라 하였다. 그렇다면 그놈은 반드시 털이 짧아 보통의 범과는 다를 것이다.《주례周禮》〈고공기考工記〉의 주석에 "나충倮蟲은 범과 표범처럼 털이 짧다."라고 하였다. 그렇다면 범과 표범 모두 털이 짧다는 것인데, '털이 짧은 범'이란 또 무엇인가?

역시 살펴본 적이 있는데, 묘貓와 범은 다른 두 종류의 동물이면서 '길들인 살쾡이'는 아니니, 〈대아大雅〉에서 말한 '묘貓도 있고 범도 있다.'라는 것이 이것이다. 어떤 이는 "쥐를 잡아먹는 털 짧은 짐승이 따로 있는데, 팔사 중에 하나지만 길들인 살쾡이는 아니다."라고 하였는데, 맞는진 모르겠다.

또 옛사람이 다음과 같이 시를 지었다.

고양이 눈 속엔 천체의 궤가 정해져 있어
자오에는 침을 매단 듯 묘유에는 둥글둥글
인시 신시 사시 해시엔 살구씨처럼 둥글고
사계로 돌아와서는 대추씨 마냥 길쭉길쭉[30]

---

30 고양이……길쭉길쭉 : 시간의 변화에 따라 고양이의 눈동자 모양이 바뀌는 모습을 표현한 시이다. '자시'는 23시~1시로 북쪽, '오시'는 11시~13시로 남쪽, '묘시'는 5시~7시로 동쪽, '유시'는 17시~19시로 서쪽, '인시'는 3시~5시로 동북쪽, '신시'는 15시~17시로 서남쪽, '사시'는 9시~11시로 남동쪽, '해시'는 21시~23시로 북서쪽을 가리킨다. '사계'는 하루 중 진시(7시~9시, 동남)·술시(19시~21시, 서북)·축시(1시~3시, 북동)·미시(13시~15시, 남서)를 말한다.

생각건대 고양이의 눈동자 모양은 살구씨와 같은데, 시간에 따라 변한다. 자시·오시는 곧 남·북이므로 한쪽 모퉁이만을 드러내고, 묘시·유시는 동·서를 가로지르니 곧 그 둥근 면을 드러낸다. 그 사이에 대추씨, 살구씨와 같은 것은 모두 앞을 따라 비스듬하게 나타나기에 그 모양이 각각 다른 것이다. 고양이가 성낼 때에도 눈동자가 반드시 침을 매단 듯하니, 기운에 따라 바뀐 것이다. 그러므로 성을 내면 기운이 움직이고, 눈동자 또한 그 때문에 남북으로 바로 서게 되는 것이다.

✱ 이 작품은 《성호사설》 권6에 실려 있다.

17. 오원자전

조귀명

 오원자의 성은 묘씨苗氏로 역사에는 그 이름을 잃어서, 어디에서 왔는지 모른다. 누구는 산군山君 범의 후예라고도 하고, 요임금 때 삼묘씨三苗氏[31]의 남은 종자라고도 한다. 관상가가 "이 자는 범의 머리를 가지고 있으니, 반정원班定遠[32]과 같은 부류이다. 고기를 먹는 제후에 봉해질 것이다."라고 하였다. 젊은 시절에는 도적 떼가 되어서 마을 안을 돌아다니며 난폭한 짓을 하고 노략질을 하였다. 오원자가 금수 같은 짓을 했었지만, 성품이 순하여 사람을 잘 따르니 사람도 사랑하고 아껴주었다. 당시 쥐의 일족인 자씨子氏들이 난을 일으켜 사람의 집 담벼락에 구멍을 뚫고 창고를 터니 천하 사람들이 괴로워했다. 황제가 진노하여 장수와 관리들에게 함정을 설치하고 염탐하여 잡아 오라 명하였다. 그런데 자씨가 제齊 경공景公의 병법[33]을 공부하여 밤에만 돌아다니고 낮에는 숨어 있어서, 결국 잡을 방법이 없었다.

---

31 삼묘씨 : 기름진 지역에 기반을 둔 고대 국가였으나, 덕행과 신의를 닦지 못하여 요임금이 추방했다.

32 반정원 : 동한東漢시대 정원후定遠侯에 봉해진 반초班超를 말한다. 관상쟁이가 반초를 보고 "그대는 제비의 턱에 범의 머리라, 날아서 고기를 먹는 상이니, 이는 곧 만리후에 봉해질 상이다."라고 한 것을 인용한 것이다. 《후한서後漢書》〈반초열전班超列傳〉

33 제……병법 : 정도正道가 아닌 병법을 사용했다는 말이다. 대부를 부르는 예법으로 사냥터지기를 불러놓고 그가 오지 않자 죽이려 했던 제나라 경공의 일화에서 인용한 것이다. 《맹자孟子》〈등문공滕文公 하下〉

황제는 오원자가 발톱과 송곳니로 잘 싸우는 재능이 있다는 것을 듣고, 불러서 자씨를 토벌케 하였다. 오원자는 삼백 번이나 팔짝팔짝 뛰면서 "이것이야말로 내 일이다."라고 하였다. 평소 고기를 좋아하는데 이 명을 받고는 흥분하며 말하였다. "옛날 송나라의 악비는 술을 즐겨 마셨다. 군사들에게 '북쪽 변방 황룡까지 들어가서 그대들과 술을 실컷 마시겠다.'라고 맹세하였는데, 나도 자씨를 멸족시켜 피를 밟고 나서야 고기를 먹어 치우겠다."

마침내 큰 전투에 나가 자씨를 섬멸하였다. 황제가 매우 기뻐하며 조서를 내렸다.

"황제는 승상과 어사에게 다음과 같이 칙령을 내리노라. 요즈음 자씨들이 방자하게 날뛰며 무리가 번성해졌다. 방비가 허술한 밤을 틈 타 자루를 뒤지고 상자를 열어 곳곳에서 도둑질하니 천하가 근심하였다. 남편이 밭을 갈아도 먹을 수 없고, 부인이 길쌈해도 입을 수 없었다. 이때 묘씨들이 이를 갈고 눈을 부라리며, 자씨들을 고깃덩이처럼 보았다. 처음에 몸을 숨기다가 끝내 용맹함을 떨쳤다. 강태공처럼 무위武威를 드날려[34] 단숨에 우두머리를 사로잡더니, 그 기세를 몰아 자씨들의 소굴을 소탕하였다. 남은 자씨들은 두려움에 떨며 새와 짐승처럼 모두 흩어졌다. 이제야 짐은 밤잠을 설치는 걱정을 덜고, 백성들은 일찍 자고 편히 일어나 닭이 울고 개가 짖는 소리에 놀랄 일이 없으리라. 짐이 매우 기쁘다.

《시경詩經》〈기보祈父〉에서는 왕의 발톱 같은 군사라고 칭찬했고, 〈강

---

34 강태공처럼……드날려 : 《시경詩經》〈대명大明〉에 "이때 강태공이 마치 매가 날 듯하여, 저 무왕武王을 도와서 상商나라를 정벌하니, 하루아침에 청명해졌도다."라고 한 것을 인용한 것이다.

한江漢〉에서는 소호召虎[35] 같은 신하라 찬미하였으니, 짐이 매우 애틋하게 여기노라. 묘씨를 호위로 삼아 형법을 담당하는 대사구大司寇의 사무를 행하게 하고서 관내후關內侯[36]에 비견되는 작위를 오원자에게 내리노라. 전리품을 모두 그에게 하사하여 고기를 먹고 가죽에서 자게 하여 그의 마음을 즐겁게 해주어라. 아, 산에 맹수가 있으면 명아주와 콩잎을 따지 못하는 법이다.[37] 도둑이 없다고 해서 도둑 잡지 않는 신하를 내버려둘 수 없다. 그대는 날카로움을 연마하고 위엄을 떨치되, 완악하고 탐욕스러웠던 선조 유묘有苗를 닮지 말라."

 같은 시기에 사냥개 한로韓盧도 전공으로 드러나 오원자와 같은 반열에 올랐다. 그러나 오원자는 그와 공을 다투어 서로 사이가 좋지 않았다. 오원자가 면전에서 꾸짖었다. "네가 공을 세워 봤자 개지, 나는 특별히 예우를 받아서 궁궐에 가서도 종종거리며 걷지 않고, 죽으면 제사를 받게도 해주었네."
 오원자는 기후를 잘 헤아려 늘 눈동자 모양을 바꾸어 시간을 구분하였고, 코의 온도로 추운지 더운지 보여주었으니, 이처럼 타고난 자질이 사람과 완전히 달랐다. 성품이 검소하여 털옷 한 벌을 죽을 때까지 바

---

35 소호 : 주周나라 선왕宣王 때의 명신으로 회남淮南의 오랑캐를 정벌하였다. 《시경詩經》〈강한江漢〉은 소호의 공로를 칭송한 노래이다.

36 관내후 : 이름뿐인 봉작封爵으로, 후侯의 칭호는 있으나 경기京畿에 살아 봉지封地가 없다.

37 산에……법이다 : 두려워할 만한 사람이 있는 것을 이르는 말로, 《한서漢書》〈합관요전蓋寬饒傳〉에서 "산에 맹수가 있으면 명아주나 콩잎도 따러 들어가지 못하고, 나라에 충신이 있으면 간사한 사람이 일어나지 못한다."라고 하였다.

꾸지 않았다. 다만 음흉하고 잔인한 마음이 생기면 갑자기 눈을 부릅뜨며 왕명을 빙자해서 봉관자縫冠子 닭을 죽이니, 사람들은 이것을 단점으로 여겼다.

태사공이 말하였다. "오원자는 산군山君 범과 형체는 비슷하지만 몸집이 작다. 수염을 휘날리며 한 번 포효하고 호피를 입고 선봉에 서자, 도둑쥐들이 모두 쓸려나가니 얼마나 씩씩한가. 세상이 수레를 탄 학[38]이나 개부開府의 매[39]와 동일시하여 헐뜯거나 원망하였고, 더구나 음험한 이의부李義府를 이묘李苗라고 불렀다. 공적을 깎아내리고 허물만 부각하니 인륜으로 따지지 않는 것과 비교를 당한 경우가 많았다."

닥종이 선생이 말하였다. "오원자는 전공이 훌륭하지만 금수 같은 행동을 했다. 사관이 그 행동을 숨기고 그저 황제가 내린 조서만을 서술하여 〈위청전衛靑傳〉과 〈곽거병전霍去病傳〉[40]의 범례를 사용하였으니, 공을 포상하더라도 사실을 기록해야 하는 취지를 매우 그르쳤다. 오원자가 군대의 일에 대해 아뢴 것을 지금 기록하니, 그 대강의 내용은 다음과 같다."

신하 아무개가 아뢰옵니다. 신은 폐하의 위세에 기대어 군대와 무기를 정돈

---

38 수레를……학 : 춘추시대 위衛 의공懿公이 학 기르는 것을 좋아하여 대부大夫의 수레에 태우고 다녀 사람들의 비난을 받았던 고사에서 유래하였다.

39 개부의 매 : 유희를 위해 사람의 손에 길들어진 매를 말한다.

40 위청전과 곽거병전 : 위청衛靑과 곽거병霍去病은 모두 한漢 무제武帝 때의 장수로 흉노를 정벌하는 데 공을 세웠다. 《한서漢書》에 〈위청전〉과 〈곽거병전〉이 실려 있다.

하여 길을 조금도 벗어나지 않고 곧장 적진에 도달하였습니다. 적은 신의 사자후를 듣고는 소굴에 납작 엎드리거나 아랫목 좁은 틈에 딱 붙어 있기에 나무와 돌을 옮겨 그 입구를 막았습니다. 신은 입구 밖에 주둔하며 먼지를 일으키고 무위를 드러내거나 맨몸으로 욕을 보여도 적은 더욱 숨어서 그림자도 보여주지 않았습니다.

  신이 생각해 보니, 만약 적진에 깊숙이 들어가 수색하여 적을 잡아 소탕하려 했다면 지형을 알지 못할 뿐만 아니라 골짜기가 깊고 어두워서 급습하기 어렵고 적들은 쉽게 달아나 숨었을 것입니다. 게다가 입구가 몹시 좁아 군사들이 한꺼번에 들어가기 어렵고 진퇴에도 불편하여 진실로 낭패를 볼 우려가 있었습니다. 차라리 유인하여 소굴에서 나오게 한 다음에 그들을 사로잡는 것만 못하니, 이것이 병법에 합당한 방법입니다.

  그래서 무기를 거두고 군대를 퇴각하는 척하면서 소리가 나지 않도록 재갈을 물고 방울도 떼어 놓고 매복하여 대기하였습니다. 적이 처음에는 여우처럼 의심하면서 성루에 올라 사방을 살피기만 하다가, 식량이 떨어지면 몰래 나와 약탈하였습니다. 신은 적이 대비하지 않을 때를 엿보다가 바람처럼 달려가 번개처럼 낚아채어 그 우두머리를 직접 쳐서 군진 앞에 쓰러뜨려 사로잡았습니다. 적진이 크게 혼란해진 틈을 타 곧장 그 소굴로 쳐들어가 거짓 내자 안씨와 거짓 태자 해를 붙잡았으니, 남은 잔당들은 모두 두 손을 모으고 엎드려 울부짖었습니다.

  신은 적들이 사납고 간사한 짐승의 마음을 가지고 끝내 악행을 고치지 않을 것이라 생각했습니다. 이에 그 종자가 번식하여 길이 창궐하는 일이 없도록 그 자식들까지 아울러 하나도 남김 없이 깡그리 처리하였습니다. 온 사방엔 피가 낭자하였고 요사스러운 놈들을 숙청하였습니다. 신은 연회에서 적을 꺾고 이부자리 위에서 출병하였으니,[41] 하루도 되지 않아 적의 목을 베었으며 병력과 무기의 손실도 없었습니다. 이는 모두 폐하의 지시와 사직의 큰 복에 힘입은 것입니다. 신 아무개는 죄를 면하게 된 줄 알고 참으로 황공하여 삼가 표문表文을 올려 아룁니다.

✱ **조귀명趙龜命(1693~1737)**

　　자는 석여錫汝·보여寶汝, 호는 건천자乾川子·동계東谿이고, 본관은 풍양豐壤이다. 공조 좌랑·익위翊衛 등을 지냈다. 저서로《동계집東谿集》이 있다.
　　이 작품은《동계집》권5에 실려 있다.

41　연회에서……출병하였으니 :《전국책戰國策》에서 소진蘇秦이 제齊나라 민왕閔王에게 유세했던 말 가운데, "천 길 높이의 성일지라도 연회하는 자리에서 함락시킬 수 있고, 1백 척 높이의 충거衝車라도 앉은 잠자리에서 이를 꺾어 버릴 수 있습니다."라고 한 것을 인용하였다.

18. 고양이에 대한 설

남유용

우리 집은 난폭한 쥐 때문에 괴로워하였다. 큰 쥐 한 마리가 몹시 방자하여 양쪽 구멍을 차지하고 버티고 있었다. 동쪽을 막으면 서쪽으로 달아나고 서쪽을 막으면 동쪽으로 달아나는데, 그 움직임이 너무 빨라 보이지도 않았다. 그러니 더구나 잡을 수 있겠는가?

집안사람들이 몹시 괴로워서 양쪽 구멍을 흙으로 메우고, 게다가 이웃집에서 고양이를 얻어와 겁을 주었다. 나는 당연히 난폭한 쥐를 다시는 근심하지 않아도 되리라 생각했다. 다음 날 아침에 보니 다시 양쪽에 구멍을 파 예전처럼 뻥 뚫려 있었다.

고양이도 배가 불러 놀기만 하지 쥐를 신경 쓰지 않았다. 그러면서 하루 종일 나가지 않고 웃방에 머물러 있었다. 쥐가 처음에는 두려워하고 움츠러들어 구멍 속에서 엿보며 기다렸다가, 고양이가 떠나면 사납게 굴고 떠나지 않으면 며칠이나 자취를 숨기며 함부로 나오지 못했다. 얼마 뒤 쥐가 한참을 엿보다가 별다른 점이 없는 것을 깨닫고 '저 고양이는 정말 아무것도 하지 않는구나.'라고 생각하였는지, 마침내 쥐가 구멍에서 조금씩 나와 대놓고 다녀도 고양이는 역시 신경 쓰지 않았다.

수십 일이 지난 어느 날, 쥐가 동쪽 구멍에서 나와 옷상자 안으로 들어갔다. 고양이는 흘겨보다가 재빨리 일어나 동쪽 구멍으로 쫓아가 크게 으르렁대고, 다시 서쪽 구멍으로 곧장 달려가 지켰다. 쥐는 매우 놀라며 동쪽 구멍으로 가려다가 상자 바닥에서 서쪽 구멍으로 재빨리 뛰어들었는데, 고양이가 이미 입맛을 다시며 쥐를 기다리고 있었다. 쥐는 기세가 꺾여 돌아가지도 못하고 조금이라도 움직이려 하면 막혔으니, 발을 움츠리고 숨죽이고 있어도 끝내 어찌할 방법이 없었다. 쥐는 덩치가 너무 커서 고양이의 힘으로도 대적하지 못했는데, 고양이가 계속 위협하면서 쥐에게 다가더니 마침내 해코지한 후에 먹어 치웠다.

내가 처음에는 통쾌했지만 한동안 찝찝했다. 이윽고 탄식하여 "저 쥐는 화를 자초한 것이다."라고 하였다. 사람에게 의지해서 살아가는 것들은 사람의 집을 훼손해서는 안 되며, 사람을 통해 먹는 것들은 사람의 재물을 손상해서는 안 된다. 또한 사람을 해치는 동물이 더러 사람을 이롭게 하기도 한다. 그런데 지금 쥐는 사람의 집에 의지해 살면서도 벽을 뚫었고, 사람의 곡식을 먹으면서도 사람의 옷을 훼손했다. 살금살금 구차하게 다니면서 지극히 보잘것없는 목숨으로 누차 사람에게 미움을 받는데, 위기를 즐기면서 바뀔 줄 모른다. 이놈들은 종자를 깡그리 없애 버리고 소굴을 소탕하여 단 한 마리도 남기지 않아야 하니, 어찌 가엾게 여기리오?

《구당서舊唐書》에 소숙비蕭淑妃가 죽을 때 무씨武氏를 꾸짖으며 "다음 생에 나는 고양이가 되고 너는 쥐가 되어, 태어날 때마다 네 목을 조르리라."[42]라고 한 일이 있다. 나는 이 부분을 읽을 때마다 소숙비가 원통해하며 꾸짖는 장면을 상상하면서 그를 위해 울지 않은 적이 없었으니,

---

42 다음……조르리라 : 당唐나라 소숙비蕭淑妃는 아름다운 용모로 고종의 총애를 받았으나, 측천무후의 농간으로 폐위되고 효씨梟氏 성을 받았다. 소숙비는 죽으면서 '너는 쥐로 태어나고 나는 고양이로 태어나 너의 목을 물어 죽이리라.'라고 저주하였다고 한다. 그 이후로 측천무후는 궁중에서 고양이를 기르는 것을 금지했다. 《구당서舊唐書》〈열전列傳 후비後妃〉)

그의 마음을 비통스럽게 여겼기 때문이다.

　지금 고양이가 쥐를 잡은 것을 보고 문득 그 말이 생각났다. 고양이가 용맹스럽지 않다고 걱정했는데 쥐가 도망가는 것을 장난 거리로 삼았으니, 이것도 하나의 유쾌한 일이다. 이번 일로 이익을 좋아하는 자를 경계시키고, 살육을 즐기는 자를 두렵게 할 수 있으니, 어찌 기록하지 않으랴?

✱ **남유용南有容(1698~1773)**

　자는 덕재德哉, 호는 뇌연雷淵이고, 본관은 의령宜寧이다. 1740년에 문과에 급제하였다. 대사성·예조 참판·원손사부·형조 판서 등을 지냈다. 저술로《뇌연집雷淵集》이 있다. 시호는 문청文淸이다.

　이 작품은《뇌연집》권27에 실려 있다.

19. 개가 고양이에게 젖을 물린 일에 대한 설

권헌

　장인어른 원외랑員外郞[43]의 댁에 개와 고양이가 비슷한 시기에 새끼를 낳았는데, 그중 어미 고양이가 죽었다. 새끼 고양이 한 마리가 울부짖으며 아등바등하였고, 여러 날 굶주리자 엉금엉금 기어서 개에게 다가가 젖을 물었다. 개가 처음에는 물어뜯을 듯 사납게 굴다가 마침내 불쌍히 여겨 핥아주었다. 나날이 가까워지더니 자기 새끼와 함께 젖을 물렸다. 원외랑 공이 나에게 "개와 고양이는 종이 달라서 질시하고 이기려고 하는데, 어쩌면 저리도 자기 새끼와 함께 젖을 물릴 수 있단 말인가?"라고 하였다.

　아, 옛날 북평왕北平王 집안에 도가 크게 행해져 부자 형제가 화목하고 즐겁게 지내자, 고양이도 감화되어 남의 새끼에게 젖을 물린 일[44]이 있었다. 지금 공이 개와 고양이를 모두 기르니, 공도 기르는 짐승에게 영향을 끼쳤을 것이다. 아, 나는 알 것 같다. 공은 네 아들이 모두 죽

43　원외랑 : 이언신李彦臣을 말한다. 권헌은 이언신의 딸인 연안 이씨와 16세(1728)에 혼인하였고, 1735년 생원시에 오른 뒤엔 처가에서 주로 생활하였다. 《진명집震溟集》 권9 〈제외구세자익찬이공문祭外舅世子翊贊李公文〉

44　북평왕……일 : 당唐나라 대종代宗과 덕종德宗 연간의 명신인 북평왕 마수馬燧의 일화이다. 마수의 집에 같은 날 새끼를 낳은 고양이 두 마리가 있었는데, 그 중 한 마리가 죽고 새끼 두 마리가 남았다. 새끼들이 죽은 어미 고양이의 젖을 빨며 울자, 그 소리를 들은 다른 어미 고양이가 그 새끼 고양이를 자기 새끼처럼 젖을 먹여주었다. 《한창려집韓昌黎集》 〈묘상유설猫相乳說〉

어 일가의 조카뻘을 양자로 삼았는데 그도 죽자, 같은 성을 가진 자손을 데려와 자식처럼 여겼다. 나는 부모도 없고 형제도 없어, 의지할 데 없이 외롭게 지내면서 하루도 기쁜 날이 없었다. 다른 사람들이 자식이나 형제들과 함께 화목하게 지내는 것을 볼 때마다 늘 비참하고 서글펐다.

이 같은 경우는 짐승이 길러준 이에게 감화되었다는 것을 알 수 있다. 그렇지만, 슬픔이 동물을 감화시키기에는 어려워도 인덕의 교화가 동물을 감화시키기는 쉽다. 고양이끼리 젖을 물리는 것은 예사로운 일이지만, 개가 고양이에게 젖을 물리는 것은 특이한 일이다. 북평왕의 인자함은 감화되기 쉬운 것을 증명한 것이고, 원외랑 공의 슬픔은 감화되기 어려운 데에서 행해진 것이니, 더욱 슬퍼할 만하다. 내가 원외랑 공의 일을 듣고 북평왕의 일을 수집하며 슬퍼하니, 그 차이를 기록해 설을 지어 원외랑 공의 마음을 위로한다.

✽ **권헌權攇(1713~1770)**
자는 중약仲約, 호는 진명震溟이고, 본관은 안동이다. 저서로 《진명집震溟集》이 있다.
이 작품은 《진명집》 권9에 실려 있다.

20. 개와 고양이에 대한 설

최광벽

신묘년(1771) 4월 나는 두릉杜陵에서 휴가를 받아 부모님을 뵈러 고향에 갔다가,[45] 옥간玉澗의 임시거처에 와서 쉬었다. 그 집에 개와 고양이가 있었는데, 고양이는 개를 피하지 않았고 개는 고양이를 물지 않았다. 나는 이를 매우 의아해하였다. 잠시 뒤 개와 고양이가 서로 어울리며 화기애애하게 장난치고 뛰어다니기를 그치지 않았다.

개는 원래 고양이를 잘 물고 고양이는 개에게 물리는 것을 무서워한다. 본래 상극인 동물인데, 지금 이와 같은 것은 어째서인가? 한 집에서 함께 길러지고 주인에게 제지받아서 갑자기 서로 해칠 수 없었을 것이다. 날마다 보고 친숙해져 마침내 해칠 마음을 모두 잊고 동종처럼 믿고 사랑했으니, 진실로 '원수사이라도 상황이 바뀌면 의기투합하고, 호월胡越[46]이라도 같은 상황에 놓이면 한마음이 된다.'[47]라는 것이다.

아, 사람이면서 개와 고양이만도 못해서야 되겠느냐? 지금 사대부는 스스로 선왕의 도를 외우고 본받는다고 하면서 일찍이 황극에 있는 탕

---

45 신묘년……갔다가 : 두릉杜陵은 만경현萬頃縣의 옛 이름으로 지금의 전라북도 김제시 지역이다. 최경벽은 1770년 3월에 만경 현감에 제수되었다.

46 호월 : 중국 북방의 호胡와 남방의 월越을 말한다. 두 곳의 거리가 아주 멀기 때문에 매우 소원한 사이를 뜻한다.

47 원수사이라도……된다 : 서로 적대 관계의 사이가 위험한 상황에 같이 처했을 때는 서로 협력하고 구해주려고 한다는 의미이다.

평의 의미⁴⁸를 알지 못한다. 출사하여 조정에서 벼슬하거나 관직을 떠나 고을에서 지내거나, 각자 입장을 내세우고 사사롭게 편당을 짓지 않는 자가 없다. 자기와 뜻이 같으면 악하더라도 군자라 하고, 자기와 뜻이 다르면 선하더라도 소인이라 한다. 샅샅이 살펴서 억지로 흠을 찾아내고, 반드시 허물이 없는 데서 허물이 있기를 바라니, 서로 미워하고 모함하면서 술을 마시는 연회 자리에서조차 서로 싸울 구실을 찾는다.

아, 왕의 신하끼리는 형제의 의리가 있다. 그러므로 《시경》에 "맏형이 질나팔을 불면 둘째는 피리를 분다."⁴⁹라고 하였는데, 어째서 지금 사람들은 이 의리를 실천하지 않는가? 우리 성상께서 등극하신 지 50년이나 되었는데 괴롭게도 교화가 뜻대로 되지 않음에랴! 조정에서 우환이 계속 발생하자, 특별히 명을 내려 《경세편警世篇》⁵⁰을 지으면서 시대를 슬퍼하고 세속을 걱정하는 뜻을 넣게 하였다. 집집마다 가르치고 간곡하게 설명해 주었는데도, 어찌 국에 간을 맞추듯 화합하지 않는가?

오직 선한 사람과 함께하여 풍초風草의 교화⁵¹를 따라야 한다. 그런데

---

48 황극에……의미 : 《서경書經》〈홍범洪範〉에 홍범구주洪範九疇 가운데 다섯 번째 원칙인 '황극皇極'은 "군주가 표준을 세움[皇建其有極]"이라 하였다. '탕평蕩平'은 '황극'의 구체적 내용 중 "치우치거나 공정하지 않음이 없으면 탕탕하게 되고, 공정하지 않음이 없거나 치우침이 없으면 왕도가 평평하게 된다."라는 구절에서 온 말이다.

49 맏형이……분다 : 《시경詩經》〈하인사何人斯〉에 나오는 구절로, 형제가 서로 화목하게 지내는 것을 의미한다.

50 경세편 : 《어제경세편御製警世篇》으로 1764년에 홍봉한洪鳳漢 등이 영조의 명에 따라 펴낸 책이다. 욕심·사치·게으름의 세 가지를 논하여 세상 사람들을 깨치게 하고, 붕당의 폐단을 지적한 내용이다.

51 풍초의 교화 : 《논어論語》〈안연顏淵〉에 "군자의 덕은 바람과 같고, 소인의 덕은 풀과 같다. 풀 위에 바람이 불면 풀은 한쪽으로 눕게 마련이다."라고

뜻이 맞는 이들과 무리 짓고 뜻이 다른 이를 제거하며 어진 이와 능력 있는 이를 질투하여, 그릇이 깨져도[52] 아랑곳하지 않고 기꺼이 일망타진하려고 한다. 나라의 명맥을 해치고 사람의 마음을 무너뜨리는 것이 홍수나 맹수보다 심한데도 태연하게 자각하지 못하고 덩달아 서로 스승으로 삼는다. 아, 사람이면서 개와 고양이만도 못해서야 되겠느냐? 그저 다름을 기록하여 말을 잘하는 사람이 부연해 주기를 기다리노라.

✵ 최광벽崔光璧(1728~1791)

자는 공헌公獻, 호는 이우정二友亭·운엄雲广이고, 본관은 전주이다. 1754년 생원시에 합격하고, 1759년 문과에 급제하였다. 병조 참판 등을 지냈다. 저서로《운엄집雲广集》이 있다.

이 작품은《운엄집》권3에 실려 있다.

한 데서 나온 말이다. 소인에 대한 군자의 교화를 말한다.

52 어진……깨져도 : 원문의 '기기忌器'는《한서漢書》〈가의전賈誼傳〉에 나오는 말로, '투서기기投鼠忌器'의 준말이다. 쥐에게 돌을 던져서 잡고 싶으나 곁에 있는 그릇을 깰까 봐 던지지 못한다는 뜻으로, 임금 곁의 총신寵臣을 제거하고 싶지만 임금에게 해가 미칠까 봐 하지 못한다는 의미이다.

21. 잡설

윤기

고양이를 좋아하는 사람이 고양이 세 마리를 키우고 있었다. 그 중 한 마리가 낮에는 잠만 자다가 밤만 되면 돌아다니며 쥐를 잡았다. 그런데 사람들은 이 모습을 보지 못했기 때문에 이 고양이가 무능하다고 생각하였다.

다른 고양이 두 마리는 밤이면 사람 곁에서 자고 낮에 어쩌다 쥐를 잡으면 꼭 사람 앞에 물고 와, 쥐를 가지고 놀면서 사람들을 웃고 즐겁게 해주었다. 집안사람은 이런 행동을 기특하게 여겨 고양이 두 마리가 걸핏하면 음식을 훔치고 닭을 물어뜯어도 탓하지 않았다.

밤에 사냥하는 고양이 때문에 쥐는 죽거나 모두 멀리 달아나 버려 근심거리가 완전히 사라졌다. 그렇지만 사람들은 이것이 다른 고양이들의 공이라 여겨, 마침내 밤에 사냥하는 고양이를 때려 쫓아냈다. 그러자 쥐들이 몰려와 근심거리를 다시는 막을 수 없었다. 지혜로운 사람이 선택한다면 쫓아낸 한 마리를 키울까, 아니면 나머지 두 마리를 키울까?

* **윤기 尹愭(1741~1826)**

자는 경부敬夫, 호는 무명자無名子이고, 본관은 파평이다. 1773년에 사마시에 합격하고, 1792년에 문과에 급제하여 승문원 정자·남포 현감藍浦縣監·호조 참의 등을 지냈다. 《정조실록正祖實錄》 편찬에 참여하였다. 저서로 《무명자집無名子集》이 있다.

이 작품은 《무명자집》〈문고文稿〉 책5에 실려 있다.

22. 고양이에게 잘못한 것에 대한 설

손윤구

기묘년(1819) 한여름에 애기 스님이 비상砒霜[53]을 빻아 암자 아래에 두는 것을 보고 어디에 쓰는지 물어보니, "쉬파리가 미워서요."라고 하였다. 내가 "그게 고양이를 죽이지는 않겠습니까?"라고 물으니, "고양이는 먹이를 가릴 줄 아는데 무얼 그리 걱정하십니까?"라고 하기에, 나는 웃으며 그대로 두었다.

사흘 뒤, 암자에서 지내던 사람이 당황해하며 "고양이가 파리 밥을 먹었습니다."라고 알려주었다. 과연 집의 움푹하고 서늘한 곳에 엎드려 있는 고양이를 보았다. 고양이는 귀를 늘어뜨리고 눈을 흐리멍덩하게 겨우 뜬 채로 헐떡거리며 소리를 내지 못하였다. 다음날 아이들이 집 모퉁이 볏짚을 쌓아둔 곳에 쓰러져 죽어있는 고양이를 찾아냈다.

나는 말하였다. "스님께 드릴 말씀이 있습니다. 부처의 마음은 자비로운데, 비상을 넣은 쉬파리 먹이는 제대로 된 방법이 아니었습니다. 그 방법이 지극한 재앙이기 때문에 기르던 고양이에게까지 미친 것입니다. 아무리 애초에 영향을 끼치리라 생각하지 않았다 하더라도, 스님께는 죄가 없고 고양이가 잘못한 것이라고 할 수 있겠습니까?"

《주례周禮》의 팔사八蜡 중에 고양이가 있으니, 고양이는 어리석은 동물이 아닌 것이 분명하다. 또 스님은 고양이를 매우 후하게 길러서, 농

---

53 비상 : 비석砒石에 열을 가하여 승화시켜 얻은 맹독성의 백색 분말로, 신주信州에서만 나기 때문에 '신석信石'이라 부르기도 한다.

부가 보리밥을 지었어도 고양이에게는 흰밥을 먹였고, 공부하러 온 사람들이 남긴 음식 중에 고양이가 좋아하는 것을 먹였다. 끼니마다 배불리 먹였으니, 어찌 굶주리고 목마른 고통이 있었겠는가?

깨진 기와처럼 더러운 그릇에 펼쳐진 색이 이상한 밥은 입에 대어서는 안 되는데, 식견이 이에 미치지 못했으니 지혜롭지 못한 것이다. 게다가 배불리 먹었는데도 욕심을 부렸으니 만족할 줄 모르는 것이다. 지혜롭지도 못하고 만족할 줄도 모르는 것, 이것이 재앙을 부르는 방법이리라.

세상의 벼슬아치에게 아부하며 이익을 좋아하는 자들은 많은 녹봉으로 사치하고 자기 배만 불리는데도, 도적처럼 곳간을 훔치고 백성을 못살게 군다. 마침내 형벌과 재난에 빠져 치욕을 당하며 죽음에 이르는데도 깨닫지 못한다. 이 고양이를 보고서도 어찌해야 할 지 모르겠는가.

✱ 손윤구孫綸九(1766~1837)

자는 경부經夫, 호는 성재省齋이고, 본관은 경주이다. 정종로鄭宗魯에게 수학하였고, 평생을 오직 학문 연구와 후진 양성에 힘썼다. 저서로 《성재문집省齋文集》이 있다.

이 작품은 《성재문집》 권2에 실려 있다.

23. 고양이를 잡은 것에 대한 설

이재의

　집에 괴상한 고양이가 있었다. 서너 마리가 떼를 지어 낮에는 사람과 함께 다니고 밤에는 온갖 소리로 사납게 다투어 잠을 잘 수가 없었다. 고깃덩이를 쌓아두면 사람이 있나 없나 지켜보다가 끝까지 찾아내 모조리 먹어 치우기도 하였다. 처음에는 쥐를 잡기에 드나드는 것을 내버려 두었는데 지금은 도리어 창고와 부뚜막의 좀도둑이 되었으니, 매우 통탄하지 않을 수 있겠는가.
　함께 있던 진성하秦聲夏가 그 이야기를 듣고는 팔을 걷어붙이고 "저놈들이 어찌 감히!"라고 하더니, 고향에 있을 때 고양이를 잡았던 절묘한 방법을 말해주었다.
　먼저 사발 하나를 준비한다. 나무로 사발보다 조금 더 큰 네모난 틀을 만들어 사발 위에 얹어놓는다. 틀 가운데에는 고기 한 덩어리를 묶어 놓는다. 굵은 줄로 둥글게 고리를 만든다. 이 고리를 틀 위에 살짝 얹어둔다. 쇠로 갈고리를 만들어 들보에 걸어둔다. 틀에 올린 줄을 갈고리에 걸쳐 빼놓는다. 줄 끝에는 주먹만 한 큰 돌을 묶어 둔다. 나무판을 아슬아슬하게 괴어놓고 그 위에 돌을 얹어서 방아쇠 역할을 하게 한다.
　이것은 고양이가 와서 사발 속에 묶어 둔 고기를 물도록 유인하는 것이다. 고양이가 고기를 물면 줄이 자연스럽게 살짝 흔들려 나무판이 기울어지면서 돌이 훅 떨어져 고양이는 즉시 목이 매달리게 된다. 고양이는 외마디 소리도 내지 못한 채 그 자리에서 죽을 수밖에 없다.

조선의 문인, 고양이를 담다

진성하의 말처럼 뒤채의 두 기둥 사이에 설치하였다. 조금 뒤 여종이 다급하게 "고양이의 목이 매달렸습니다."라고 아뢰었다. 촛불을 들고 가서 보니 죽은 지 오래된 듯하였다. 온 집안 사람들이 너도나도 탄성을 질렀다. 큰방 뒤 처마 아래에도 설치하였는데, 순식간에 또 큰 고양이 한 마리를 잡았다. 이처럼 계속하였더니, 며칠 만에 고양이의 씨가 마를 듯하였다. 그래서 한바탕 웃고 그만두었다.

아, 고양이는 배부르게 고기를 훔쳐 먹을 생각만 하는 놈이니 아주 가증스럽다. 내가 세상의 요직에 있는 사람들을 보니 권력을 탐하고 이익을 좋아한다. 백성의 고혈을 뽑아 자신을 살찌우고, 가렴주구 하는 관리가 된 것을 흡족해 하면서 죄의 구렁텅이로 빠지는 줄도 모른다. 그렇다면 이 고양이와 무엇이 다르겠는가. 이 때문에 글을 지어 경계로 삼는다.

✱ **이재의李載毅(1772~1839)**
자는 여홍汝弘, 호는 문산文山이고, 본관은 전주이다. 근재近齋 박윤원朴胤源에게 수학하였다. 1801년 생원시에 합격하였으나 학문에만 전념하였다. 특히《주역周易》과 시詩에 능하였다. 저서로《문산집文山集》이 있다. 이 작품은《문산집》권10에 실려 있다.

24. 고양이를 기르는 것에 대한 설

남고

거사居士의 집은 고양이를 기르지 않아 쥐가 거리낄 것 없이 제멋대로 설치고 다녔다. 상자를 물어뜯어 온전한 옷이 없고, 과일과 고기를 훔쳐 먹어 사람들은 쥐가 남긴 것을 먹었다. 밤마다 상 밑에 와서 찍찍대며 쫓아내도 다시 돌아오니, 아무리 싫어해도 제거할 방법이 없었다.

한참 뒤에 고양이 한 마리를 얻어 기르니, 집안사람들은 고양이가 쥐를 없애줄 것이라 기대하며 기쁘게 밥과 생선을 먹였다. 고양이는 배가 불러 쥐를 잡지 않고, 가끔 '야옹' 소리만 내었다. 그렇게만 해도 쥐들은 납작 엎드려 감히 움직이지 못해서, 몇 달간 쥐로 인한 피해가 없었다. 그런데 집안사람들은 고양이가 쥐잡기를 좋아하지 않는다고 생각해서 고양이 먹이기를 게을리하였더니 갑자기 어디론가 가버렸다. 고양이가 떠나자, 쥐들은 다시 예전처럼 제멋대로 설쳤다.

거사가 탄식하며 말했다.

"아, 고양이가 살생을 좋아하지 않았으니, 인仁과 유사하다. 고양이가 있을 때 쥐가 감히 움직이지 못한 것은 그 위엄을 두려워해서이고, 고양이가 떠났을 때 쥐가 다시 제멋대로 설친 것은 거리낄 것이 없어서이다. 전에 내가 그 공을 잊고 야박하게 대우하였으니, 고양이가 떠난 것이 당연하구나.

아, 어찌 이뿐이랴. 소인은 나라를 좀먹고 정사에 해를 끼친다. 그 거리낄 것 없이 제멋대로 행동하는 것이 쥐보다도 심하다. 그러나 군자 한

명이 조정에서 근엄하게 서 있으면 형벌을 시행하지 않더라도 소인은 군자의 위엄있는 모습과 풍채를 바라보고 두려워서 자취를 감추고 자신의 악행을 멋대로 하지 못한다.

이 때문에 이응李膺[54]이 법을 집행할 적에 내시들은 목을 움츠렸고, 급암汲黯[55]이 조정에 있을 적에 회남왕淮南王은 음모를 꾸미지 못한 것이다. 현자가 국가에 어찌 작은 보탬만 되겠는가. 군주는 소인이 난을 일으킬까 걱정하고 군자를 얻어 잘 다스릴 것을 생각한다. 다행히 군자를 얻으면 융숭하게 대접하고 많은 봉록을 주어 후하게 대우하다가, 간신의 간악한 농간이 점점 막혀 국가가 조금 안정되면 도리어 현자가 나라에 보탬이 되지 않는다고 여기면서 점점 은혜와 예우를 줄이고 반신반의한다. 기미에 밝은 군자는 하루도 안 되어 결연히 버리고 떠난다. 군자가 떠나면 전에 원망을 쌓고 뜻을 잃은 소인들이 다시 채비하고 일어날 것이니 한심하지 않은가. 당나라의 육지陸贄[56]나 송나라의 이강李綱[57]이 파직되거나 떠나

---

54 이응(110~169) : 후한後漢 때의 양성襄城 사람으로, 자는 원례元禮이고, 벼슬은 사례교위司隸校尉에 이르렀다. 조정의 기강이 무너졌을 때, 이응만이 청렴하였다.

55 급암 : 전한前漢 무제武帝 때의 직언을 잘하던 신하였다. 자는 장유長孺이고, 벼슬은 주작도위主爵都尉에 이르렀다. 회남왕淮南王 유안劉安이 반란을 도모할 적에 급암의 강직함을 두려워하였다.

56 육지(754~805) : 당唐나라 덕종德宗 때의 명신으로, 자는 경여敬輿이다. 성품이 강직했으며, 한림학사에 재임하였을 때 덕종의 신임을 얻었으나 직언을 잘하여 점차 덕종의 불만을 사기도 했다.

57 이강(1083~1140) : 송宋나라 휘종徽宗 때의 명신으로, 자는 백기伯起이다. 금金나라가 쳐들어오자, 병부시랑兵部侍郎으로 있으면서 화의和議를 주장한 진회秦檜 등과 싸우다가 귀양 갔다.

자, 배연령裵延齡[58]이나 진회秦檜[59]같은 무리들이 간사함을 부리고 난리를 선동하였으니, 두 나라의 대업은 이 때문에 떨치지 못하였다.

애석하구나! 당시의 임금이 시종일관 같은 마음으로 군자를 임용하되 의심하지 않고 그들이 뜻을 실행할 수 있게 했다면, 봉천奉天으로 파천播遷[60]하지 않고 정강靖康의 원수[61]를 갚을 수 있었을 것이다. 이것이 천고의 뜻있는 선비가 주먹을 불끈 쥐고 눈물을 흘린 까닭이다. 아, 현자를 소홀히 대우하여 난을 초래한 것이 고양이를 잃고 쥐를 불러들인 것과 무엇이 다르랴. 정치를 잘하려는 군주는 이 사례도 거울로 삼아야 할 것이다."

✱ **남고南皐(1807~1879)**

자는 중안仲安·중원仲元, 호는 시암時庵·둔암遯庵이고, 본관은 영양英陽이다. 류치명柳致明에게 수학하였다. 1840년 생원시에 합격하였으나, 고향에서 학문 연구와 후진 양성에 힘썼다. 저서로《시암집時庵集》이 있다. 이 작품은《시암집》권10에 실려 있다.

---

58 배연령(1083~1140) : 당唐나라 덕종德宗 때의 간신이다. 백성들의 재물을 가혹하게 착취해서 상관에 상납하여 총애를 받았으나, 간의대부諫議大夫 양성陽城의 간언으로 재상이 되지는 못하였다.

59 진회(1090~1155) : 송宋나라 휘종徽宗 때의 신하로 자는 회지會之이다. 금金나라가 쳐들어오자, 금과 남송이 중국을 남북으로 나누어 영유하기로 합의하여 간신으로 낙인찍혔다.

60 봉천으로 파천 : 봉천은 심양瀋陽의 옛 이름이다. 당唐 덕종德宗이 주자朱泚의 난을 피해 봉천으로 파천하였다.

61 정강의 원수 : 정강靖康은 송宋 흠종欽宗의 연호로, 1126~1127년까지 사용하였다. 원수는 북송北宋을 멸망시킨 금金나라를 말한다.

25. 고양이를 기르는 사람에 대한 설

이유원

　스님이 고양이 기르기를 좋아해서 아침저녁으로 밥을 먹이니, 고양이도 절을 떠나지 않았다. 그런데 갑자기 고양이가 산에서 내려갔다가 얼마 뒤에 다시 오니, 스님이 전처럼 길렀다.
　어느 날 새끼 두 마리를 낳았는데, 젖 먹이는 것을 매우 괴로워하였다. 새끼들이 조금 자라서 달릴 수 있게 되자, 어미가 끌어다 지붕 위에 올려 두고 혼자 땅에 내려와 계속 불렀다. 새끼들이 위아래를 보면서 어찌할 줄 몰랐고, 어미는 더욱 다급하게 불렀다. 새끼들이 지붕을 서성거리며 애처롭게 울면서 일어났다 엎드렸다만 하였다. 어미는 구할 생각은 전혀 하지 않고 한결같이 다급하게 울기만 하였다. 새끼들이 마침내 15미터 높이를 무서워하지 않고 뛰어내렸다.
　이때부터 재주를 익혀 벽을 타고 담장을 오르거나 나뭇가지를 붙잡고 나무를 타는 것이 평지를 다니듯 하였다. 부처님께 올린 제수든 스님의 공양물이든 훔쳐 먹지 않는 것이 없었다. 동자승이 매질하려 해도 재빠르고 교활하여 동에 번쩍 서에 번쩍하여 막을 수가 없었다.
　스님이 탄식하며 말하였다. "고양이는 음험한 녀석들이라 길하고 상서로운 동물에 비교할 것은 아니다. 그러나 쥐가 곡식을 해치기 때문에 고양이를 길러 그 피해를 없애고자 하였다. 지금 고양이가 이와 같이 해를 끼치니, 고양이를 다시는 키우나 봐라."
　군자가 말하였다. "타고난 성품은 누구나 어질지만 지각이 잘못 트이면 불의의 구덩이에 빠지게 되니, 진실로 슬퍼할 만하다. 원숭이에게 나무타기를 가르치듯[62] 그릇된 도로 이끌기도 하니, 이것이 고양이를 기르는 자만의 탄식이겠는가? 하아."

* **이유원李裕元(1814~1888)**

   자는 경춘景春, 호는 귤산橘山·묵농默農이고, 본관은 경주이다. 1837년 진사시에 합격하였으며, 1841년 문과에 급제하였다. 함경도 관찰사·좌의정·영의정을 역임하였다. 1882년 전권대신으로서 일본의 변리공사인 하나부사 요시모토와 제물포조약에 조인하였다. 저서로 《가오고략嘉梧藁略》·《귤산문고橘山文稿》·《임하필기林下筆記》가 있다.

   이 작품은 《가오고략》 책11에 실려 있다.

---

62 원숭이에게……가르치듯 : 《시경詩經》 〈각궁角弓〉에 "원숭이에게 나무를 타도록 가르치지 말라. 진흙에 진흙을 붙이는 것과 같으니라."라고 한 데서 온 말로, 나쁜 사람에게 나쁜 짓을 하도록 권유하는 것을 말한다.

26. 북병영의 고양이

이유원

북병영北兵營[63]의 운주헌運籌軒[64] 마루 밑에 고양이가 산다. 날마다 밥 한 그릇과 물 한 그릇을 으레 먹이면서 다치지 않게 보살펴 주었다. 그중 새끼 고양이 한 마리에게는 급료를 배정하여 병영의 군수품 창고에서 덜어주고, 그 일을 관례로 삼았다. 고양이가 울면서 병영을 돌아다니면 병마절도사에게 불길한 일이 생겼으니, 또한 괴이한 일이다.

✱ 이 작품은 《임하필기》 권27에 실려 있다.

---

63 북병영 : 조선시대 함경도 경성鏡城에 두었던 북도 병영으로, 주로 국경 지역의 수비를 담당하였다.
64 운주헌 : 병마절도사의 숙소이다.

27. 고양이를 기르는 것에 대한 설

임한주

나는 사방으로 큰 바위와 빽빽한 숲이 있는 깊은 산속에 집을 지었다. 쥐떼도 그 속에 구멍을 뚫어 몰려다니며 훔쳐 먹고 갉아대고 집안 곳곳을 돌아다녔다. 내가 이를 매우 근심하여 새끼 고양이 한 마리를 얻어와 길렀다. 밥을 먹일 때마다 고양이가 꼬리를 말고 와서 그릇 사이를 돌아다니며 울어댔다. 내가 매우 예뻐하며 날마다 3~5숟갈씩 밥을 덜어 먹였다.

어떤 사람이 놀리며 말했다. "그대에게 쌓아둔 곡식이 어디 있다고 고양이를 애지중지 키우는가? 창고에 덫과 함정을 설치하면 쥐는 걱정할 게 못 된다. 새끼 고양이는 어리고 약하여 쥐를 잡지 못하고, 날마다 먹이는 밥도 시간이 지나면 역시 줄 수 없을 것이다. 뒷날 쥐를 잡을 수 있어도 어찌 지금의 손해를 메울 수 있겠는가."

내가 말했다. "아, 그렇지 않네. 천하의 근심은 작은 이익을 아끼다가 큰 계획을 그르치는 것보다 심한 것은 없네. 인재를 양성하는 비용을 아낀다고 학교를 세우지 않는다면 나라가 잘 다스려지는 효과는 볼 수 없고, 군대를 양성하는 비용을 아낀다고 군사 장비를 수리하지 않는다면 도적과 원수의 피해를 막을 수 없네.

우리 조정의 대신들이 이 이치를 깨닫지 못해 '아무 일이 없는데도 군대를 양성하는 것은 괜히 화를 키우는 것이다.'라고 하면서, 율곡栗谷 이이李珥의 십만양병설十萬養兵說을 끝내 실행하지 못하게 하였네. 그리하여 결국 임진년의 망극한 화를 초래하였네. 지금 그대의 말도 이와 같지 않은가.

설령 나중의 효과가 지금의 피해를 메울 수 없더라도 이 역시 논할 것은 아니네. 쥐는 적이니 주인에게 손해를 끼치고, 고양이는 적을 잡으니 주인 편이네. 적이 먹는 것은 곡식 한 알이라도 아깝지만, 적을 잡는 고양이가 하루에 밥 세 그릇을 먹는다 한들 무엇이 아깝겠는가. 세상 사람들이 주인과 적을 분명하게 구별하지 못하고 왜곡하여 이익과 해로움을 말하니, 의리가 사그라지고 난신적자가 제멋대로 구는 것은 오로지 이 때문이네."

얼마 뒤 새끼 고양이가 날마다 잘 먹더니, 덩치가 커져 으르렁대며 쥐를 잘 잡았다. 마침내 쥐로 인한 근심이 없어졌다.

✱ 임한주林翰周(1871~1954)

초명은 면주冕周이다. 자는 공우公羽·공의公儀, 호는 성헌惺軒이고, 본관은 평택이다. 부친 임노직林魯直을 통해 가학을 계승하고, 이후 이설李偰·김복한金福漢을 통해 남당南塘 한원진韓元震의 학풍을 배웠다. 1895년 홍주 의병에 참여하였고, 1919년 파리 장서 운동에 참여하였다. 이후 덕명의숙에서 후학을 양성하였다. 저서로 《성헌선생문집惺軒先生文集》이 있다.

이 작품은 《성헌선생문집》 권3에 실려 있다.

28. 고양이를 쫓아낸 것에 대한 설

임한주

새끼 고양이는 자라서 날마다 맛있게 쥐를 잡아먹었다. 얼마 뒤 쥐를 다 잡아먹어 먹을 것이 없었다. 사람들이 매일매일 열 숟가락씩 밥을 주었지만, 여전히 부족했다.

집에서 키우는 닭이 병아리 떼를 거느리고 마당을 돌아다녔다. 고양이가 문득 눈길을 주다가 호시탐탐 노리더니 한달음에 뛰어가서 병아리 한 마리를 낚아채 잡아먹었다. 어미 닭이 놀라 소리치며 두 날개를 활짝 펴고 곧장 달려가 고양이와 싸웠다. 그러나 형세상 고양이를 대적할 수 없어 주저주저하다가 물러났는데, 끄억끄억 소리가 오래도록 그치지 않았으니 몹시 슬퍼 보였다.

이날부터 고양이는 매일 병아리 한 마리씩 잡아먹고 어미 닭과 한바탕 싸웠는데, 사람들이 때려도 잡아먹고, 밥을 주지 않아도 잡아먹었다. 그래서 고양이 머리를 덮어씌워 십 리 밖으로 쫓아냈지만, 하룻밤이 지난 뒤에 다시 돌아와 매일 병아리를 두세 마리씩 먹어 치웠다.

내가 이 일을 근심하여 아이에게 고양이를 내 앞으로 잡아 오게 했다. 나는 조곤조곤 고양이를 꾸짖었다.

"옛날에 용맹한 장사가 자신을 길러준 군주의 은혜에 만족하여 적을 무찔러 모욕을 당하지 않게 하고 적을 평정하여 난을 그치게 하였다. 그러다 자신의 공을 으스대며 오만방자하더니 관아의 창고를 도둑질하고 백성의 재물을 빼앗으며 법도에 얽매이지 않고 제멋대로 행동하다가, 결국 머리가 날아갔다. 네가 지금 하는 짓이 이와 같지 않으냐.

더구나 너는 저 닭과 같은 금수이고 주인 편의 동물이다. 한 사람이 사람 한 명을 죽이면 반드시 목숨을 내놓아야 하는 법이 있다. 너는 한 마리 동물로서 열 마리가 넘는 병아리를 죽였으니, 네 어찌 죽음을 면할 수 있겠느냐. 똑같이 주인 편의 동물인데 서로 해치고 죽이니, 너는 바로 적의 편이다. 네 어찌 죽음을 면할 수 있겠느냐. 산에는 숲이 있어 팔짝팔짝 뛰는 개구리와 꿈틀대는 벌레가 무수히 많고, 산 아래에는 개울이 있어 가뭄으로 수위가 낮아지면 새우와 조개가 온통 널려 있다. 주인이 주는 먹이가 부족하다면 민첩한 재주와 날카로운 발톱으로 무엇인들 구하지 못하겠으며, 무엇인들 이루지 못하겠는가. 이런 생각을 하지 못하고 같은 부류의 새끼를 잡아먹고 주인의 물건을 해쳤으니, 네 어찌 죽음을 면할 수 있겠느냐.

그러나 내 너의 지난 공로를 생각하여 일단 용서해 주느니라. 내 두 번 말하지 않을 것이니, 너는 깊이 생각해보거라."

고양이가 귀를 늘어뜨리고 고개를 떨구니, 잘못을 뉘우치고 고치려는 듯 보였다. 그러나 탐욕을 부리는 성품은 상황에 맞닥뜨리면 변하기 어렵다. 며칠 뒤에 또 병아리 한 마리를 잡아먹기에 내가 장정에게 명하여 노끈으로 묶고 망태기에 집어넣어서 멀리 호숫가로 내치게 하였더니, 그제야 고양이에 대한 근심이 사라졌다.

✽ 이 작품은 《성헌선생문집》 권3에 실려 있다.

부록 1

시 원문

01. 貓箴 ...李齊賢

旣耳而目	亦爪而牙
穿窬方肆	胡寐無吒

02. 貓生子 ...李穡

猫人畜也最相親	質稟輕柔性又馴
忽向夜中驚我夢	子生便舐可知仁

雖然豺虎苦難親	也有門庭犬馬馴
豈獨永州多鼠輩	驅除貪暴便爲仁

至公無處避嫌親	去惡能敎善者馴
只就一猫天理白	放流元是帝王仁

03. 貓狗鬪 ...李穑

靜坐聞貓狗將接 赤脚適見而救之 心語曰 皆人畜也 何不相悅如是哉 吟得貓狗鬪一篇

狗禀西方金火氣	身居乾位何剛毅
貓雖如虎甚柔脆	嫉惡豎毛奮如蝟
守門司盜豐錢財	管庫捕鼠完廩餼
論功一家難弟兄	相濟相須胡不平
狗去也盜肆其欲	貓去也鼠縱其情
主人坐不安	睡不成
榮衛消耗	何以延其生
狗兮貓兮	曷日能同心
白頭牧隱方沈吟	長風颯颯吹高林

04. 次雙梅堂猫乳詩韻 ...權近

鼠自嫌貧尙可虞	每愁飢齕及書廚
聞君德化猫相乳	爲寄如拳一小雛
爲家如國戒無虞	鼠竊寧容入遠廚
自是養猫同養將	定知牙爪滅胡雛

05. 烏圓子賦 ...徐居正
猫一名烏圓子

歲在火鷄夏至之夕

風雨晦冥夜昏如漆

四佳子患心痞身不帖席

倚壁而睡忽聞屛幛間有聲摩戛乍止乍作

予有鷄雛籠在臥榻之側

呼童子而護之以防猫竊

童子鼻雷其睡也熟

予意老猫幸人之睡磨牙鼓吻於弱之肉也

猝然奮杖而怒曰養猫所以除鼠非爲害物

今反不爾惟職之闕

當一擊而粉碎予於猫乎何惜

俄有二物掠吾脛而閃去

前者小而後者大狀若猫之捍鼠

躡童燭之鼠已屠盡而猫則寢處乎其所矣

四佳子矍然驚曰

猫捍其鼠乃職其職

予不自明以忖以臆

致疑於猫幾蹈不測

嗚呼嘻噫

鼠之爲蟲物莫比其賤

毛淺不雋肉卑不薦

尖鬚悍目孰賦爾質

處溷穴壤孰爭爾窟

循墻其詐托社其黠

爾腹易盈何欲乎溪壑

爾喙不長何銛乎戈戟

善伺巧候晝竄夜縱

穿我箱篋攪我盆甕

我衣何完我粟何嬴

孰腐其嚇孰肝其烹

地嫌忌器勢倚熏屋

跳梁跋扈天壅厥惡

此所以國風刺碩麟史書食

當斯時不有烏圓子驅除之功幾何不逝汝彼適者乎

我嘗讀禮迎猫有法

興我田功利民澤物

予養烏圓子意蓋如此

同我衾褥分我甘旨

惟烏圓子感激知己

奮氣鼓勇效才展技

狺然其聲耽然其視

劃若電邁倏若風動

鼠輩帖伏主臣人拱

攫生搏走搪突屓奰

或抉其目或截其首

磔裂狼藉肝腦塗地

擣巢盪穴無俾易種

當此時雖封以肉食之侯日享大官之羞未足償功而酬德

何一念之不察紛然致此惑也

爾以直而賈害我以疑而枉殺

我雖仁於鷄雛而不仁於爾

爲鼠報仇豈理也哉

嗚呼天下事理無窮

人之酬酢有萬不同

有疑於不疑有不疑於疑

疑與不疑毫釐千里

不揆以理而揆以心不跡其實而跡其似

靡有不鷄鼠於其間而致疑於烏圓子也

呼童子而書之因以自矢

06. 題畫猫 …徐居正

畫堂高處睡狸奴　　雲母屛前紫錦毹
憶昔牧丹花下看　　雙睛炯炯夜光珠

07. 題畫屛 …徐居正
爲李玉如作

寒瓜蘺落兩狸奴　　日午雙睛纈似珠
愛汝元來食肉相　　可能驅盡鼠兒無

08. 猫兒 ...金時習

立功鼠穴便空虛　　閑臥花氈飽有餘
一室淸平無外警　　却來樾下弄衣裾

09. 瘞白貓文 ...成俔

家有猫, 白色如雪, 性又馴狎. 余嘗愛畜之, 一日爲群狗所噬. 於是效仲尼埋狗之意, 命奴金痤之于松山之丘, 文曰.

有物有物兮　　匪兔匪貍
心一何狡兮　　形一何卑
利爪剛牙兮　　于以揚威
晨睛午綖兮　　于以報時
色稟正色兮　　玉貌無疵
雪毛皎潔兮　　雪毛離褷
愛爾儀容兮　　設蜡迎之
食我依我兮　　四載于玆
藉以錦茵兮　　載飽載嬉
晝行夜動兮　　善乘其機
爲人除害兮　　厥功不訾
信不及物兮　　我德之衰
北平何人兮　　相乳莫違
有狗狺狺兮　　群以來欺

汝不知避兮	載追載隨
竟橫其喙兮	逢時之危
不識異類兮	臨江之麋
有鼠相慶兮	群行緩緩
倉無全穀兮	篋無完衣
想爾此時兮	益悲益思

10. 得猫 ...吳祥

秋來鼠輩繫滋育	穿我墉墻禁莫當
爲養猫奴令守穴	狡謀自此失強梁

11. 何事三絶 ...李洪男

推餐餔汝主恩隆	勵策當令鼠穴空
何事窺雛鷄柵外	執竿驅逐惱兒童

12. 襲汝友客居 苦鼠聒 求貍奴子 ...具鳳齡

籠送烏圓眼熖光	群鼷應不聒清床
從今好着遊仙枕	夢繞故園山水鄉

13. 詰三禽文 ...李睟光

余在村墅, 所患者鼠, 所戒者盜, 而猫臥毯上, 見鼠不動, 犬居門傍, 聞聲不吠. 至於畜鷄以代漏, 而竟曉不鳴. 余故詰之, 仍錄其語爲文.

爾爪之銳	爾牙之利
碩鼠跳梁	爾胡酣寐

14. 猫 ...李廷馣

誰把猫兒比小人	獵殘狡鼠捷於神
只緣禀賦陰柔性	贏得平生到處親

15. 家有老猫 一歲再乳 因俗忌棄之 不得禁之 ...李廷馣

一年人有再生兒	何況猫雛豈有時
俗忌異常終不育	憮然空詠五貍詩

16. 猫賦 ...郭嶸

山居子任閒無管癖於養雞
卵而不鷇累十其兒
始習其飛猶知棲樕
聚首前除忘機飮啄
有猫傍伺爰攫其一
母雖哀鳴無力可搏
群雛駭散了無全目
余乃疾呼童子繋猫以索
拘于牀下數之以罪曰
余之畜汝責有所在
今胡逞欲饞及五德
汝心孔慘將汝必磔
俄而炎風蒸骨睡魔來襲
倚榻蘧蘧魂乘莊蝶
圓瞳有物張喙而哭
若有所言請訴其臆
久蒙主恩撫我育我
無魚不分無肉不舍
愛居狗先飼不兒下
今焉獲戾萬死難赦
第有深寃不敢不暴
天生萬類害人非一
山有豺虎水有鮫鰐

然皆可防有網有擉
孰如點鼠潛伏于隙
窺人行止爲其出入
覘人視息稔其盜竊
譁駭披紛隱見倏忽
遇衣輒噉見穀必齕
衝目宣齘充嗛果腹
所以詩人刺碩左氏喩賊
樊翁比奸坡老憤黠
尤可痛者當晝而隱
乘昏而恣謂夜無知
靡所不至刀劒何用
弓弩莫施若乃盛筵斯張
筠籃盈哉守奚小眠
警察暫弛於焉乘隙
出自深穴磨牙鼓吻
蝟集狐齧器已成孔
遂及于肉當此之時
孰捕孰逐余獨偵伺
奮躍直入快啖厥魁
腥血噴洒餘黨盡散
樽俎淨墍此何異王室將頹
群奸釀禍睒睍閃舌
病民蠹社蔽日欺天
不奪不厭一人如醉

千官皆鉗有一直士

雪裏松篁排雲叫閽

請借尙方從前朶頤之徒

一朝而雲掃討國賊於寸鍔

且如有事于廟粢餗牲脤

執事者疲當夜而嘗

誰謂無牙尙能穿墉

呼朋引類咬牀舐豆

物苟不潔何以薦侑

當此之時主實罔覺

余獨不怠懼闕吾職

張爪一攫亟吞其首

威聲大振簠簋如舊

此何異天狼晝垂干戈處處

盜弄潢池任其嘯聚

朝焚暮掠剔肝刳腦

列郡風靡齊民鳥駭

爰有猛將風馳直前

一箭而定三陲晏然

紛紛狗偸之群望風而瓦解

納生靈於妥帖

此其大者餘不能悉

余雖不伐人誰不解

推原一生功當揜罪

主胡忘我謂之罔貸

余甘一死主寧無愧

凡爲生物莫不有慾

性旣偏塞焉能自克

以猩猩之慧而猶昧其迭死

以潛龍之神而不免於就醢

而況最靈之中亦有所蔽

臣而罔上恣意掊克

佩分憂符剝民膏血

受專闑鉞浚民肌肉

狼貪於常憲之外虎噬乎無辜之人

十室九破白日呼寃

尾閭逞慾滔滔末路

人而忍此首領猶保

主不彼惡寧我太嫉

常念蛇鼠猴兔之無用尙居十二神之列

以余之功而反不及彼吾誰怨乎怨天

悠悠千載知己者鮮

聖人推功迎猫有制

曁乎著相乳呼雪猊之韓蘇二子

幸不於我乎邁邁

比於林甫唐之人智不足

譏以盜肉杜氏子量何狹

玆猶可惋又遭當戮

余死之後當知可惜

槤無完衣室無完器

與人兼行衝冒蕩倚
當此之時何術以制
聞言未訖惕然驚悟
乃貰猫而告之曰
嗟吾性隘不汝爲好
今聞汝言愧汗如雨
何同類之莫責於爾獸焉深咎
顧一世而咄咄 望豸觸兮何時遇
猫乎猫乎功莫與伍
雖有微罪於汝何病
我將封汝爲槐里令

17. 貍奴 ...李民宬

朝飽眠我褥　　夕戲弄我裾
摩拊易馴擾　　逃藏非曩初
我抱置膝上　　賜汝名貍奴
我家多碩鼠　　無異永某廬
呼朋恣跳踉　　白晝行舒舒
窺甕與翻盤　　跡亂床上書
有時聲喞喞　　最猜甘寢餘
侵盜害斯溥　　箱篋無完儲
嘗怪老聖居　　棄壞有餘蔬
燻灌及墻壁　　易攻非社壚
其奈巧藏踪　　積忿何由攄
此時貍奴至　　制爾術豈疏
方憐點而稚　　屢輟盤中魚
慇懃育汝意　　醜類期翦除
蓄勇且養銳　　爪牙應時須
蕩平傾窟穴　　寧爾主人居
再與貍奴約　　莫傍隣鷄雛

18. 憎烏圓 ...金澯

竊肉偸鷄飽喫飧　　低頭閉目向朝暄
不知爾職終何事　　碩鼠成群長子孫

19. 貓 ...河溍

性柔善伺候　　迹賤近深閨
胡爲捨穴鼠　　日攘隣家鷄

20. 貓 ...李埰

妥尾太倉內　　威行群鼠中
且須勤爾獵　　莫問鷄雌雄

21. 金孫歌 …洪世泰

先王嘗於宮中畜一猫, 甚愛之, 命之曰金孫. 蓋宮中舊有唐猫, 此其孫云. 及先王上賓, 金孫若有知者. 遶殿哀號, 不食十三日, 竟枯瘁而死. 大妃命裹以綵帛, 瘞之明陵路側. 噫, 異哉猫也. 鄭潤卿大奇之, 爲作金孫歌及序, 以紀其實, 要余和之, 余不覺竦然起歎, 按其辭而效嚬云.

金孫爾金孫	爾祖初從薊北門
來入王宮作靈畜	寵養三朝受異恩
金爲質兮虎爲文	錫名蓋自先王云
天生捕鼠百中能	乃知趫捷出其群
至尊愛之常左右	呼爾金孫輒昂首
朝餐玉食餘	夕眠金牀側
周旋不暫離	願言殫心力
白日殿陛立突兀	上林千樹惡鳥絶
一朝宮車奄上天	八域雷號山谷咽
金孫躑躅哀鳴若有知	狂走不食十三日
毛焦骨立形慘傷	爲君一死何其烈
慈殿聞驚六宮嗟	宮錦裹首光紛葩
鶯峰松柏欝蒼涼	瘞之故近陵路傍
玉馬夜嘶雲旗閃	髣髴宮中奉君王
金孫爾死恩	微物亦三良
我民孰非蒙至德	於戲先王不可忘

22. 小奴放猫江外 ...金喜祖

捕鼠功之首　　攘雞罪亦魁
難將功掩罪　　宜竄塞郊隈

23. 憎猫 ...趙文命

紛然毛族羣　　我憎爾爲物
酷似義甫狡　　大異周相吃
取熱必逼人　　人亦不強咈
食肉以果腹　　撫養如湔拂
然有不飫意　　張爪怒輒齙
固知非人畜　　畀虎我無怫

24. 金猫歌 …金時敏

於戲, 我先大王之德之盛也, 今於金猫之死, 益可見矣. 昇遐之日, 環東土數千里, 深山絶海, 莫不哀號奔走, 是則固也. 猫是獸之微者, 而乃能以死報恩, 此豈非湯德及獸者乎. 猫在宮中, 體大色黃, 而絶異凡猫. 王愛之, 命名曰金猫. 一日亡御肉, 宮人以爲金猫盜, 送謫僧寺. 然金猫之以盜謫, 非罪也, 而特宮人不察耳. 猫在寺未及赦, 王禮陟. 哀問到寺, 猫哭而不食數日, 居僧擧異之. 遂以聞, 大妃促令還, 猫入闕, 哭愈甚. 宮人飯之而不食, 肉之而亦不睨, 以肉塗其觜, 則輒以觜抹地, 宮人異之. 乃直走殯殿庭, 繞殿而哭, 晝夜不已. 其聲甚哀, 有不忍聞者. 一夕視之, 則伏殿陛下斃矣. 嗚呼奇哉. 大妃傷且感焉, 以帛製衣其首, 命埋明陵路傍, 蓋放宋桃花犬古事也. 今金猫之哀悴骨見, 以死報主者, 直有似乎忠臣志士盡節殉國者然, 韓子言感於所蓄, 橫渠亦云, 近人之性者, 其以是歟. 若書諸史, 以垂後世, 則我先王及物之德, 可以曠千古而軼三王矣. 猗歟盛哉. 噫, 爲先王臣子者, 苟或忘恩而負先王, 則金猫之罪人也. 歌曰.

宮中有猫黃金色	至尊愛之嘉名錫
呼以金猫猫輒至	指顧之間如有識
麒麟孔雀尙疏遠	金猫獨近侍玉食
晝靜洗面螭陛頭	夜寒做圓龍牀側
姬嬙不敢狎而馴	御手撫摩偏恩澤
一朝得罪非其罪	宮人告例僧寺謫
生來紫闕參鑾身	憔悴山房木魚粥
龍飛鼎湖消息至	金猫不食三日哭

慈聖聞此惻然感　　卽日放赦還歸促
蓬萊物色異昔時　　猫兮入門悲蹩蹴
人之嘗試胡不諒　　飯旣無心況復肉
遑遑走哭殯殿庭　　仰首向殿頻踘躕
其聲甚哀不忍聞　　觀者人人淚自滴
一哭二旬仍以死　　骨見寒毛尤慘目
錦以裹首轝而葬　　埋處明陵是咫尺
嗚呼此事罕千古　　古有桃花今繼躅
唧仁戀澤死報主　　異哉忠臣在毛族
微物如何乃能然　　總是吾王及獸德
末世人多愧玆猫　　背恩忘義爲亂賊
寄語蘭臺秉筆人　　金猫特褒書實錄

25. 詠烏圓子韻 ...姜再恒

嗅餌便同聚醯蠅　　烏衣碧眼一胡僧
飛簷不羨鷹超塞　　緣木却嫌猱未升
忍性麒麟必踐草　　殺心鸚鵡莫傳燈
驅除亦解去人害　　李二平生所未曾

26. 猫夜入書室戲之 ...池光翰

郡衙諸客食無魚	入室營求底物歟
俯答壯元及第者	北堂終日坐看書

27. 家有一烏圓爲犬所噬群鼠乘時作孼感歎作 ...韓致明

家人嫌鼠鬧	曾畜一猫奴
利爪光似劒	雙眸烱如珠
夜扼窺甕鼮	朝食拱穴雛
餘威能慴伏	架上絶叫呼
忽被獰狗噬	群鼠更無虞
齩窓攪夜眠	窺食下寒廚
未滿旬月間	爲害百端俱
食我場裏禾	穿吾摛上襦
小兒學猫聲	此計誠已迂

28. 責猫 ...權攄

暖毬能適身	晏起但逡巡
睁眼聲如伺	掀顋怒似嗔
恬然翻鼠夜	自在化鴛春
漫趁簷前蝶	花風掠細塵

29. 責猫 ...林光澤

不捉穴中鼠　　常偸盤上肉
無肉餒我腹　　有鼠竊我粟
養汝要捉賊　　奈汝自作賊
快意一痛打　　遠逐大路側
佪偟終不去　　暗入床下伏
狡黠良可惡　　題詩寄深責

30. 失猫 ...尹愭

豹直俄纔返　　烏圓忽不留
得非遇犬獲　　無乃爲人偸
跳戲思才捷　　依隨惜性柔
甕間舞鼠輩　　坐看誰能投

31. 謾興 ...尹愭

啄蟲雞甚樂　　不知猫傍伺
狗又意在猫　　磨牙勢方鷙

32. 東人之歌 ...柳得恭

屛間缺齒貓　　相對小香鼠
人言貓狡獪　　蹲蹲思捕汝

33. 貍奴行 ...丁若鏞

南山村翁養貍奴　　歲久妖兇學老狐
夜夜草堂盜宿肉　　翻瓨覆瓿連觸壺
乘時陰黑逞狡獪　　推戶大喝形影無
呼燈照見穢跡徧　　汁滓狼藉齒入膚
老夫失睡筋力短　　百慮皎皎徒長吁
念此貍奴罪惡極　　直欲奮劍行天誅
皇天生汝本何用　　令汝捕鼠除民痡
田鼠穴田蓄稂穄　　家鼠百物靡不偸
民被鼠割日憔悴　　膏焦血涸皮骨枯
是以遣汝爲鼠帥　　賜汝權力恣磔刳
賜汝一雙熒煌黃金眼　　漆夜撮蚤如梟雛
賜汝鐵爪如秋隼　　賜汝鋸齒如於菟
賜汝飛騰博擊驍勇氣　　鼠一見之凌兢俯伏恭獻軀
日殺百鼠誰禁止　　但得觀者嘖嘖稱汝毛骨殊
所以八蜡之祭崇報汝　　黃冠酌酒用大瓠
汝今一鼠不曾捕　　顧乃自犯爲穿窬
鼠本小盜其害小　　汝今力雄勢高心計麤

鼠所不能汝唯意　　攀檐撤蓋頹墍塗
自今群鼠無忌憚　　出穴大笑掀其鬚
聚其盜物重賂汝　　泰然與汝行相俱
好事往往亦貎[1]汝　　群鼠擁護如騶徒
吹螺擊鼓爲法部　　樹纛立旗爲先驅
汝乘大轎色夭矯　　但喜群鼠爭奔趨
我今彤弓大箭手射汝　若鼠橫行寧嗾盧

34. 老猫 ...玄鎰

時向花陰驗午晴　　虎頭奇骨一無成
來生惟願麒麟化　　臥聽空廊鼠嚙聲

35. 獵猫 ...李承輔

山家多獵猫　　恒戒滿盤肴
窺穴嫌兕杖　　臨機忌客袍
注睛[2]鷄入桀　　掉尾雀歸巢
奔走將求食　　專由利慾交

---

1 예貎는 모貌의 오자인 듯하다.

2 청睛은 정睛의 오자인 듯하다.

36. 猫 …梁枸

相彼鼠群自謂豊　蹲如無氣聽如聾
瓜粧玉色便鈞釣　眸飾金精瀅燭籠
完學睡梟時上樹　急逢怒拘反騰空
能於範遇兼於詭　獵較中宵任厥功

37. 猫 …羅獻容
同李修堂韓海黎

尾毳將軍纛　　眼珠舍利龕
肖狸徒具體　　呼蝶是常談
潛迹同狙伺　　注睛比虎耽
險傾李口蜜　　狡詐杞容藍
洗面看濡唾　　轉喉細沸痰
午瞳針似細　　冬毻衣何襤
張吻疑逢怒　　回頭若抱慙
旁爐溫煮背　　踞闑泥封函
狗煩批仍走　　牛腰騎作驂
雞健隨日攫　　鼠穴待時探
上樹防追急　　入廚偸食貪
舌勁磨險錫　　額悍戴堅鉜
欠引徐行懶　　竦蹲嚇默喑
蜡迎冬祭設　　鼻冷夏時諳

38. 養猫 ...鄭鳳鉉

有牙彼鼠害民生　　計爾猫功豈曰輕
日下行庭偵地穴　　夜中守庫到天明
眼神猶足着毫髮　　爪猛優能剪棘荆
主老置傍常飼飯　　華堂誘戶任縱橫

39. 猫 ...崔顥林

時行里社噪群鴉　　毒性無端斷野蛇
驅雞欲刧伸如蠖　　遇犬能咆曲似鰕
文斑點色全同豹　　喉作巧聲半幻蛙
才能獵鼠窺倉廩　　不入窮村弊屋蝸

40. 猫 ...廉錫珍

勇驍物性善爲田　　作我干城倉四邊
鼠竊如今何足患　　主人高枕正甘眠

41. 菴中有猫兒原坡上人愛之 ...李萬相

撓尾乞憐爾本姿　　無依老釋鞠如兒
世間阿勢貪饕客　　何異烏圓善覘窺

42. 詠猫 ...鄭圭永

猫爲獸也不爲憎　　養得吾家歲月增
做性狡猾狐意思　　資生齒嗑虎威稜
曲墻狙伏身如塊　　暗穴鼠逢眼似燈
形小儀長兼勇捍　　較看他物氣三層

43. 猫 ...鄭奎榮

生來嗜獵擬將軍　　虎爪鷹眸獨出群
賴爾陳編超嚙厄　　何憂鼠竊夜紛紛

44. 見猫候鼠戲吟 ...李壽春

眼似鵝黃色豹班　　依人素性反疏山
莫云按尾尋常步　　攖鼠神機費萬端

45. 猫 ...金星圭

猛然伺候石間依　　四體跳時捷似飛
拳大山貙新咬得　　上林一獵獲禽歸

46. 猫 ...金偉洹

虎文犀少不驚鴉　　獵鼠何勞捕陣蛇
伏砌安於營窟兔　　偸腥勇勝躍波鰕
睡氈眼可分時亥　　捕蝶畫應譏井鼃
嘯入倉廚無小竊　　升平近日富廬蝸

虎文狐媚抱微才　　走躡無聲似羽開
巡囷獵鼠如沽勇　　覘庫偸腥謾見猜
怕寒夜或親氈睡　　入畫春能捕蝶來
環眼知非凡物産　　終宵明滅點時回

47. 和玩泉咏睡猫 ...崔鉉達

猫兒食鼠入花陰　　好齁香風睡味深
始覺人間高枕者　　當年也是橫黃金

48. 猫 ...鄭獻敎

孔樂吾韓土　　迎猫舊有儀
電幡乍生夜　　漏箭共協時
顧面奚占鵲　　扼喉元勝騏
魚氈足酬爾　　向我莫咿咿

49. 夜聞猫聲甚異 ...金在華

兒啼三夜在疏籬　　覓得驚猫始破疑
鸚鵡能言鸛鶴欷　　奈何人獨學侏離

부록 2

산문 원문

01. 貓相舐說 ...李陸

靑坡先生閑居無事, 日以琴書自娛. 有老婢乞貓而來, 黑身而白膺, 俗所謂鵲貓者也. 性柔順, 常隨人. 然飛捷若神, 雖飛鳥, 有時而攫取之. 前日, 舞庭而盜肉者, 盡捕無餘. 主人奇其才, 手撫之曰, 渠乃牝也, 當取種, 以傳於子孫. 歲一乳, 輒爲隣里盜去. 居久之, 一歲再乳, 取其如母者二兒, 畜之歲餘. 春生者旣長, 與母並, 秋生者次之. 三貓食同器, 母食則子避, 子食則母避. 兄弟亦如之, 旣食者退, 未食者進, 若有知其遜讓者. 出則相隨, 入則相枕而臥, 出入必相舐. 又若眞知爲母子兄弟之親者, 亦事之可怪者也. 夫貓, 人畜也. 居當依人, 食常待人, 而終不知其主, 比之犬, 亦遠矣. 然慈之天, 在禽獸, 猶有未泯. 然方其乳兒也, 旣覆之, 又舐之, 思飢而哺之, 有惡獸近之, 奮身而犯之者, 忘其生也. 兒旣長, 又方孕, 曚然不知爲所生, 視之如異類, 近則嚇之, 必遠而避之. 貓皆然, 吾所以貴吾貓也. 蓋人物, 同受天地之性以生, 而得其全者爲人, 得其偏且塞者爲禽爲獸, 而偏塞之中, 有不甚偏塞者, 有甚偏塞者, 如人心具此理, 而有君子小人之不同者. 今貓之相舐, 是得夫不甚偏塞之天者歟. 不然, 猶有所化而然也歟. 禽獸猶有所化, 而人獨不化者乎. 衡之雲, 可開也, 鰐之魚, 可徙也, 有不能回人主之感, 化狂猾之心者乎. 豈不以無心者, 可化, 而有心者, 難化歟. 無心者, 天也, 有心者, 人也. 今使主人之賢, 能化異類, 有以變其前日之猜暴, 而化爲今日之慈愛, 則理固有難知, 事恐有不然者也. 衡之雲, 自開也, 鰐之魚, 自徙也, 而人乃歸功於韓子, 亦未可知也已. 客曰, 如先生言, 無貴乎鳥獸之咸若, 而天下可無祥瑞也. 先生曰, 不然, 同一物也. 有德則爲祥瑞, 無德則爲妖怪. 使吾而無德, 雖十貓相舐, 何益, 使吾而有德, 雖百貓相食, 何損. 然使一家之人, 見貓人畜也, 而不相猜慈愛如此, 況人乎. 衣食同之, 好惡同之, 如手如臂, 如頭如目, 式相似矣, 無相猶矣, 益篤親愛之情, 則今貓之相舐, 雖謂之祥焉, 亦可也.

02. 貓捕鼠說 ...崔演

余僦大家寓居, 有鼠狃於永某氏, 常白日爲群, 睢盱縱恣. 或床上捋鬚, 或戶間出額, 穿墉穴桷, 室無全宇, 孔箱咋篋, 桁無完衣. 以至盪扉動帘, 掀盤舐缶, 食我麥苗, 齧我几案, 架櫨牙籤, 唅損殆盡. 輕趫捷猾, 目不暇瞬, 汩汩上下, 瑣瑣出入, 達曙竟夕, 聱聱窣窣, 敲拍叱嚇, 略不畏忌. 暗投以杖, 毆而駭之, 則或暫跧伏, 須臾復作. 欲灌恐壞牆, 欲熏恐燒木, 投之忌其器, 掠之匿其穴. 呪無符, 却無刀. 吾恐不獨暴耗吾物, 亦咬齧我身矣. 吾頗患之, 倩隣家貍奴置突奧使捕之, 則見其鼠, 熟視之若無覩, 豈徒不捕, 又從而狎之, 群聚校穴, 橫恣益甚. 余乃嗟然歎曰, 此貓受人育, 怠其職, 何異法官不勤觸邪, 强吏不勤扞敵哉. 忼慨久之, 憮然有逝將去汝之. 居數日, 有人來言, 吾家有貓, 甚猛且武, 善捕鼠. 遂求而致之, 則豎瞳迸金, 文毛斑豹, 磨牙張瓜, 晝巡夜伺. 臨其穴, 軒兮引鼻, 得鼠氣則凝蹲不動, 拳腰弭耳. 俄見鬚搖其穴, 則動無不捷. 碎首屠腸, 抉目捎尾, 不浹辰, 鼠黨帖伏, 五技已窮. 兩門若灑, 穴封蟲絲. 向之磔磔者, 肅然蹤滅, 汁器服物, 一無損壞. 夫鼠本陰類, 常怯怕於人者, 向之暴耗, 豈有深謀遠識大膽壯力, 能凌侮於人哉. 特以人不知禦之之術, 故逞其狡縱, 至於如彼耳. 嗚呼, 人非不靈於鼠, 而不能制鼠, 貓非有靈於人, 而鼠畏其貓. 天之生物, 各有職守, 有如是夫. 今夫圓首方足, 盜名蠹義, 貪利害物, 甚於鼠者多矣. 有國家者, 盍思所以去之之道乎. 吾觀貓之捕鼠, 有似乎去邪, 而竊有感焉, 遂作說.

03. 畜猫說 ...權好文

嘗聞諸古人, 養雞不育狸, 進君子者退小人, 此取其所益, 而除其所害也. 所益者不取, 則所害者多, 其不蠹國戕家者鮮. 吾家畜一猫兒, 驗其理也. 何者. 家本貧, 箱庫無儲, 不患有物之害, 而西成摯穀, 則群鼠忽集, 穿其壁, 窺其戶, 或鬧於樑, 或跳於床, 嚙衣百孔, 竊穀千穴, 害莫極焉. 除之無術, 乃丐鄰家小猫, 慈以育之. 踰數月, 有搏殺碩鼠之謀. 朝傍墻竇, 夕伺甕間, 必食盡其肉, 然後爲足. 此厥性也, 而似爲主人除害. 余愛之重, 每以殘餘之味食之, 又禁饞犬之逐噬, 則厥睛與日影盈虧, 厥足與猱捷上下. 其於捕鼠, 何必如野人之刀郤, 張湯之按劾, 而後使吾家致寧也. 嗚呼, 食肉於國者, 苟不除城狐社鼠, 則將焉用彼相哉. 大率獸身而人心者有之, 人面而獸心者亦有之. 世之人而鼠者, 多矣. 惜乎, 衣君衣, 食君食, 不修其職者, 寧無愧於吾猫乎.

04. 畜貓狗說 ...李晬光

貓性善捕鼠, 狗性善逐獸, 有一人喜是物也. 不擇其材否, 唯取體大毛澤能擾順者, 厚飼之. 體日益大, 毛日益澤, 目之者稱異. 然使之捕鼠則如不視也, 使之逐獸則如不聞也. 蓋非特意慾已饜, 亦以肥腯不捷之故也. 其人不斥以下材而愛養愈甚, 惟日飽腹安眠而已. 猶且竊飯與肉, 以益其肥, 往往嘔汚於茵席, 遺穢於階庭, 而其人不省, 是豈物性然哉. 由擇取之失而畜養之過也. 吁, 人君用將之方, 亦猶是夫.

05. 二貓說 ...李睟光

家有貓, 善捕鼠, 畜之者數年矣. 後有一小貓, 不知從何所來, 遂留不肯去. 兩貓共處, 小者不敢與大者齒. 行則隨之, 居則後之, 食則小者睢盱旁伺, 俟大者食訖, 方敢食. 大者亦不敢盡, 必餘其食, 顧而與之, 有若相推讓者然. 夫貓不仁獸也, 以陰賊搏噬爲用, 而所爲能若是. 噫, 世之人, 或不省禮義廉恥爲何物, 遇小利輒爭, 至相賊害者有之, 彼誠貌人而心獸者也. 由此言之, 人或貓也, 貓或人也, 烏可以貌視哉.

06. 鼠猫說 ...金中淸

苟全翁罷官歸, 賃居村寡屋, 爲屋僻而古, 多碩鼠. 其咬弄穿囓之聲, 亂走橫突之狀, 無少有忌於人. 翁實無如之何, 乃令閽屬借隣貓以去之. 貓之至也, 投身暗隙, 張目甕底, 遇一老魁而獲之, 以咆哮于中闈, 大喫之旣. 於是血濺陰途, 威振窮竇, 自初昏抵天亮, 無復跳梁. 翁得以安寢. 乃曰是能去害, 若留數日夜, 其永無吾虞矣. 遂命厚飼而居之. 翼夜, 鼠皆緣壁而走, 直上天帳, 托迹於棲松之間, 乍叫乍止以嘗之. 貓揚尾狺吼, 仰首瞪視, 終無以用武, 則鼠之憑陵踊躍, 日甚一日. 畢竟墜溺流屎於貓之頭上, 貓自狼懭裂眦, 狂跳盡氣而止. 夫鼠乃一卑汚之物, 而托得其勢, 貓不能去之. 非徒不能去, 反受其侮不少. 此習馴長, 其害轉熾, 帳毀松壞, 屋終顚覆而後已, 貓焉用哉, 翁何以哉咄.
天啓紀元辛酉首春, 書于桂塢洞琴書小窩.

07. 責猫說 ...朴綱

猫職捕鼠, 人家必畜之物也. 余家有一猫, 其始用一紬繭易之於隣舍, 饋以糜飯, 飼以蟾蜍. 養之頗勞而不鄙之者, 蓋欲任其職於狡穴, 使禁其穿墉竊粟之患耳. 及其稍長, 鼓尾而賈勇, 厲爪而揚武. 見子母鷄, 輒足踏踏視耽耽, 搏鷄而噬之. 劫之則或舍之而走, 或曳入于幽隱之處, 如是者不但日攘而已. 彼狖狖於窩下, 啄啄於庭中者, 日就耗損, 無異山東之地, 盡入於秦人之蚕食矣. 家人苦之, 楚以鞭其背, 索以繫其項, 縛之於門根之間. 幽縶而困毒之者, 幾數箇月矣, 當繫索處, 皆剝割而傷, 毛反而骨立, 俯耳而閉目. 余哀其始養之勤而終至於戕殺, 乃手解而放之. 俄而, 有一鷄雛近前, 則忽瞋目躍出, 攫之而去. 余卽使兒逐而奪之, 還繫于舊縛之索而責之曰, 汝雖微物, 亦禀亭毒之氣, 知覺運動之一端, 則或有之矣. 始雖以欲而迷, 及其困毒之備至, 則亦可以知所懲也. 今鞭之而不懲, 繫之而不懲, 旣放而還就於繫. 是必隕其性滅其身, 而終不革其心悛其惡矣, 其可哀也哉. 孔子曰, 下愚不移, 此亦物之不移者歟. 噫, 得五行之秀, 爲萬物之靈, 而反歸於物之偏者何限. 草竊奸宄, 越人于貨而繫于桎梏, 此庶人而爲猫者也. 居官貪污, 攘民之財, 而繫于桎梏, 此大夫而爲猫者也. 擧一世所見亦如此猫, 則何獨於此猫而深責焉.

08. 猫說 ...趙錫馨

猫之名有別焉, 曰狸奴也, 蒙貴也, 烏圓也. 雜出於傳記百家詩語, 其來蓋遠矣. 猫之性褻於人, 其畜也, 仰於人食也, 其處也, 傍於人行也. 猫之技, 善於鼠. 潛伺墉壁之穴而蒲伏焉, 喉不得息, 體不得動, 竢其出游而搚之. 毛蟲之輕趫, 莫鼠子若也, 萬不爲猫之所厄者, 一無焉. 若摩撫而悅之, 則安尾而喉噎噎聲也, 睫合而若眠睡狀也. 及其怒也, 足躩而毛竪如也, 揭尾而脊竦如也, 張牙鼓, 吻哮喊咆哮而進, 不慭刀劍也. 余聞於人, 仇人之餉所獲肉, 嚙人之頸, 至於刀其吭, 作二段, 齒不得釋. 噫, 猫之毒, 果如何耶. 唐之諺數李義府曰, 李猫, 若陷害忠良, 亡人之國, 其不爲猫之所羞也, 無幾矣. 以余觀之, 世之人忽於纖芥, 挾其睚眦, 唯以毒螫爲心, 則人之不猫也稀矣. 余於是乎感猫之性而爲說焉.

09. 猫之反說 ...鄭之虎

有猫焉, 畜諸家, 旣一年, 善其處, 厚其食, 無不至焉. 旣而, 猫去而不反焉, 旣數月而後忽反焉. 有不能遂忘歟. 則善其處, 厚其食, 無不至焉之效哉. 夫然也, 其先也, 忽焉若遺而去者, 何哉. 抑其出也, 旣數月于人矣, 將善其處, 厚其食, 無不至也歟, 則其反吾也爲去乎. 彼將不能善其處, 厚其食, 無不至也歟, 則何以能數月于彼乎哉. 其能善其處, 厚其食, 無不至焉也明矣. 抑有不能遂忘者歟, 將反于彼歟. 則彼將曰, 其先也, 忽焉若遺而去者, 何哉. 其反吾也負, 其忽焉若遺而去, 反彼也負, 其忽焉若遺而去, 猫於是無所卽安矣. 吾故曰, 有不能遂忘焉, 而反不拒也. 彼亦曰, 有不能遂忘焉, 而反不拒也. 其去也, 則互不追焉, 是足矣. 昔先王之於夷狄也然, 感猫而發.

10. 猫捕鼠說 ...金揚烈

余於院齋, 方夜對客, 有一猫奴凝蹲於牆壁之下, 銳耳搖尾, 張目屏息, 有若伺侯然. 俄有大鼠出自廡下穴中, 嘍嘍聱聱, 不知猫之在傍, 將作緣壁上屋之計. 猫也奮身肆勇, 一躍而獲, 仍咋咋大嚼, 不遺毫骨. 余曰, 快哉. 客曰, 見死而不忍惻隱之一端, 今子之快, 無傷於仁術乎. 余曰, 此乃仁術也. 仁與威拜行而不相悖. 故天有生物之仁, 而又有肅殺之威. 彼鼠也, 穴處牆廡之下, 式蕃厥類. 晝伏夜出, 恣其囓鑿, 小而害院藏布穀, 大而破架揷書籍, 至如廟中床席. 安保其不汚也. 欲燻則慮其燒屋, 欲灌則恐其牆潰, 雖使晏子復起, 莫思祛之之策. 渠負貫盈, 天不赦暴, 假威於是猫, 大行誅夷, 余之快, 非天地肅殺之心乎. 肅殺之中, 無生物之仁乎. 客曰, 然彼鼠之暴, 而猶未逭天誅, 況今在位之碩鼠, 食我之黍, 而白晝自恣, 罔有畏忌, 其可逃天誅乎. 余尤快客之言, 遂使童子秉燭, 而記其說.

11. 猫說 ...南九明

四月, 以衙中病憂, 出寓于村舍. 有隣猫常往來, 善伺人動靜, 搜覓器皿, 偸竊飮食, 無所不至. 或見懸肉, 則磨牙鼓吻, 踊躍投擲, 必攫食乃已. 婢僕輩苦之, 或擧杖而逐之, 或嗾犬而囓之, 或設機以捕, 索以縛之, 鞭以朴, 困極然後乃解. 其偸竊愈益, 甚不少衰. 婢僕輩相謀曰, 此猫數見困且死, 爲態如故, 必是飢餒所致. 且與之飯, 以觀其所爲可也. 遂出飯少許以給之. 自此猫朝夕來輒飼之. 猫於是革其心變其習, 雖飮食魚肉羅列在前, 目未嘗睒眣, 口未嘗舐舕. 狎人俯仰, 日就馴擾, 婢僕輩愛而養之益厚. 余見而嘖嘖曰, 噫, 微物亦爲飢渴所害, 而失其正歟. 得一食而前爲忽改, 良性復全. 彼其初之竊人飮食, 不知媿恥者, 豈其本心哉. 此島素無盜賊, 門不夜閉, 行旅野宿, 蓋習俗之美也. 自大饑以後, 人心大變, 盜賊蜂起, 公私牛馬及閭里穀帛, 狼藉偸取, 罔有紀極. 執而詢之, 則或曰, 噫, 不食已十餘日矣. 或曰, 噫, 等死耳, 寧一飽而斃. 其罪雖不可不治, 而其情不亦可戚之甚乎. 余觀冬春來, 風颷借便, 船粟續至, 則東西賊報, 寂然無聞. 或波程不順, 北船阻絶, 則各里縛賊來告者, 一日五六至. 余以是知飽則民, 飢則盜耳. 一日得食, 則一日不爲盜, 十日得食, 則十日不爲盜. 誰肯以上父母下妻子之身, 自棄於盜賊之科, 而終陷於不測之誅哉. 諺曰, 三日不食, 鮮不爲盜. 已到十分地頭, 而能守一端廉隅者, 惟於陵仲子爲之, 其可責之於此輩乎. 不幸得地遠惡, 遇人艱難, 心知性勢之可憐, 而猶以法律一切治之. 或殞於杖下, 或斃於獄中, 或沒而爲官婢, 或分而爲鎭屬, 余豈樂爲此哉. 每一刑人, 頭鬚爲白, 非以其罪爲可恕. 特哀其窮而憫其情, 咨嗟涕洟自不能已耳. 噫, 誰無秉彝, 誰無廉恥. 而汨於飢饉, 喪其情性, 生爲強盜, 死爲凶鬼. 雖欲改行從善, 更作太平之民, 其可得耶. 反不如此猫之卒爲仁畜, 復爲人所愛, 尤可悲夫.

12. 埋死猫 ...李焞

予之畜猫死, 使人裹而埋之, 非貴畜物也, 愛其戀主也. 記曰, 敝蓋不棄, 爲埋狗也. 註曰, 狗馬皆有力於人, 故特示恩也. 猫雖無有力於人, 畜物能知戀主, 埋之以布, 非過也宜也.

13. 書宮猫事 ...李夏坤

大行性愛猫, 宮中嘗畜一猫. 色黃甚尨大, 宮人號曰金孫. 每大官進食, 輒俛首帖尾伏牀下, 大行投之食, 然後敢食, 如是者幾十數年. 大行大漸之夕, 猫忽號哭奔走, 人皆異之. 自此絶不飲食, 宮人或啗以魚肉, 亦逸去不食, 其後數十日而死, 惠順大妃命內司, 具絞衾, 貍[1]之明陵路傍. 噫, 猫一微物也, 特感豢養之恩, 至於捐生而殉之, 其稟於天者, 固可謂之靈異, 而大行之至仁厚德, 及於禽獸者, 於此亦可見矣. 嗚呼, 其盛矣哉. 余作此文後, 聞諸金君必亨, 先王嘗游後苑, 見母猫飢困欲死. 意憐之, 命宮人育之, 仍名曰金德. 生一雛, 卽金孫也. 其後金德死, 又命葬之, 作埋死猫文以哀之, 今在御集中. 金孫所以不食而死者, 非獨感先王豢養之恩也, 特感其活母, 乃至於斯, 此尤異云. 嗚呼, 母子天性也. 猫於諸獸中, 最號寡恩, 然尙知活母之恩而以死報之. 人或不知母子之倫, 有欲棄絶之者, 抑何心哉.
庚子十月二十五日夜又書.

---

1 리貍는 매埋의 오자인 듯하다.

14. 猫犬 ...李瀷

蘇氏曰, 不爲無鼠而養不獵之猫, 不爲無盜而養不吠之犬. 此謂官人須擇功能, 不可使無事而素食也. 鄭介夫曰, 畜猫防鼠, 不知饞猫, 竊食之害愈甚, 養犬禦盜, 不知惡犬, 傷人之害愈急. 此謂非徒無益, 臟賄虐民, 爲國之蠹也. 余見有白晝而攫鷄, 狂走而反噬者, 噫.

15. 金猫 ...李瀷

宋咸淳中合州貢桃花犬, 常馴擾御榻前. 太宗不豫, 犬不食, 及上仙, 犬號呼涕泗, 以至瘦瘠. 章聖卽位, 左右引令前導鳴吠徘徊, 意若不忍, 章聖令諭以奉陵, 卽搖尾飮食如故. 詔造大銀籠, 施素裀, 置鹵簿中, 行路見者隕涕. 後斃葬於熙陵之側, 當時士大夫爲作桃花犬詩, 以歌詠稱美之. 我肅宗大王, 嘗於宮中育一金猫, 及賓天, 猫亦不食而斃, 埋之明陵道傍. 夫犬馬戀主, 從古有說, 猫者性至狠, 雖閱年擾狎, 而一朝違離, 則便成野性. 如金猫事, 比桃花犬尤異.

16. 家狸 ...李瀷

猫者, 家狸也. 說者謂張騫所帶來, 禀西域寒涼之氣, 故鼻端恒冷, 惟夏至日暫溫. 余驗之, 夏至亦依舊冷. 暗中搖其毛, 分明生火色而有燎毛聲, 毫端爲之偃. 人取皮爲裘極煖, 能祛痰結, 安在乎寒涼氣耶. 然本草猫肉性微寒, 外熱而內寒, 亦可異也. 或稱唐三藏帶來, 爲鼠齧佛經也. 近時人餌其肉, 治胸腹一切痰症, 此古無今有之方也. 余謂若果張騫帶來者, 則八蜡之祭, 猫何物也. 謂爲食田鼠, 則明是食鼠獸. 此從古有此物, 可知也. 爾雅虎竊毛虦猫, 註謂虎之淺毛, 然則必淺毛而與虎別矣. 考工記註倮蟲如虎豹淺毛者也, 然則虎豹皆淺毛也. 此又何也. 亦嘗考之, 猫與虎別有二物而非家狸, 大雅所謂有猫有虎是也. 或曰別有淺毛食鼠之獸, 爲八蜡之一而非家狸也, 未知是否. 又古人詩曰, 猫兒眼裏定周天, 子午懸針卯酉圓, 寅申巳亥杏仁櫹, 四季還如棗心然. 意者, 猫睛形如杏核, 逐時而轉. 子午直南北, 故只露其一隅, 卯酉橫於東西, 則乃現其圓面也. 其間棗核杏仁, 皆從前斜見, 其狀各不同. 若其怒時, 亦必懸針, 蓋其隨氣轉動. 故怒而氣動, 睛亦爲之直於南北也.

17. 烏圓子傳 …趙龜命

烏圓子, 姓苗氏, 史失其名, 不知其所自出. 或曰山君之裔也, 或曰堯時三苗氏之遺種也. 有相之者曰, 是虎頭類班定遠, 當食肉封侯. 少爲群盜, 椎埋刦掠閭里間. 烏圓子雖禽獸行乎, 性馴親附人, 人亦愛撫之. 時子氏之族作亂, 穴人墻壁, 發人府藏, 天下苦之. 皇帝震怒, 命將吏, 設機詗捕. 子氏學齊景公兵法夜行晝伏, 終不得其要領. 皇帝聞烏圓子有爪牙材, 募使討之. 烏圓子距踊三百, 曲踊三百曰, 此吾任也. 平日嗜肉, 及有是命, 奮曰, 昔岳鵬擧喜飮酒, 而約與諸軍, 至黃龍塞痛飮, 吾亦滅子氏, 喋血而後, 食肉也. 遂進大戰, 殲其族焉. 皇帝大悅, 下詔曰, 皇帝制詔丞相御史, 比者, 子氏縱橫, 徒黨寔繁. 乘暮夜無備, 探囊胠篋, 在處竊發, 宇內騷然. 夫耕不得食, 婦織不得裳. 乃玆苗某厲齦瞋目, 肉視乎彼. 始匿其形, 終鼓其勇. 鷹揚如師尙父, 一擧而執渠魁, 再擧而淸巢穴. 餘者震驚, 俱鳥獸散. 朕其自今紓宵衣之憂, 民其早寢晏起, 無鷄鳴犬吠之警, 朕甚嘉焉. 夫祈父稱爪士, 江漢美虎臣, 朕甚慕焉. 其拜苗某爲執金吾, 行大司寇事, 爵烏圓子, 比關內侯. 其所俘獲, 悉賜之, 俾食肉寢皮, 以快其心. 於戲, 猛獸在山, 藜藿不採. 不以無盜而養不捕之臣. 爾尙蓄銳奮威, 毋若乃祖有苗之頑而饕餮焉. 同時有韓盧者, 亦以軍功顯, 與烏圓子等列. 烏圓子爭功不相能, 面折之曰, 子功狗也, 然烏圓子, 禮遇殊絶, 賜上殿不趨, 旣卒, 祭于蜡. 烏圓子善測候, 常以瞳子開闔, 分子午卯酉, 鼻冷煖, 驗陰陽之至, 其天姿絶異於人如此. 性儉, 一毛裘, 終身不易. 顧陰賊著於心, 卒發於睚眦, 常矯制殺絳冠子, 人以是短之. 太史公曰, 烏圓子之於山君, 蓋具體而微者也. 當其掀髥一呼, 蒙皐比而先登也, 鼠竊者皆靡, 何其壯也. 世乃與乘軒之鶴, 開府之鷹, 同譏寃矣, 且以義府之陰賊, 號爲李苗, 則略其功而揚其過, 多見其擬不以倫矣. 楮先生曰, 烏圓子戰功偉, 然以有禽獸行, 史臣抑之. 但述其詔制, 用衛霍

傳例, 甚非所以襃功紀實之意也. 今錄軍事奏, 以見其槪曰, 臣某言, 臣仗
陛下威靈, 整飭兵戈, 在路秋毫毋犯, 徑抵賊境. 賊聞臣威聲, 戢伏巢穴, 憑
恃奧隘, 運木石, 塞其衖口. 臣駐札衖外, 揚塵耀武, 裸身辱罵, 賊愈自匿,
不見影響. 臣竊計以爲若深入重地, 搜捕剿滅, 不惟地形未諳, 蹊谷幽暗,
急卒難攻, 易致駾竄. 且其衖口狹窄, 難容大衆, 進退失便, 誠有狼狽之憂.
不如誘引, 使離其巢, 然後擒之, 爲合兵機. 是以收鋒, 僞若退師, 嚙枚摘
鈴, 設伏以待. 賊始狐疑, 登壘四望. 已而糧盡, 潛出剽掠. 臣掩其不備, 飇
奔電掣, 親搏其魁, 偃擒於陣前. 乘其洶撓土崩, 直擣巢穴, 獲僞內子晏氏、
僞太子奚, 其餘殘黨, 皆拱伏悲啼, 臣惟獸心獷詐, 終不革面. 毋俾易種, 以
長猖蹶, 並其赤子, 糜碎無遺. 膏血狼藉, 妖塵廓淸. 臣折衝尊俎之間, 行師
袵席之上, 不日獻馘, 兵革無虧. 斯皆賴陛下指授, 社稷洪福. 臣某知免罪
戾, 誠惶誠恐, 謹奉表以奏.

18. 猫說 ...南有容

余家苦鼠暴. 有一大鼠尤恣, 拱兩穴以據. 窘乎東則趨西, 迫於西則趨東, 其行大捷, 視之弗暇, 而況可執之乎. 家人甚病之, 土窒兩穴, 又乞諸隣子 猫以恐之. 私計鼠暴當不復慮, 朝而視則又穿兩穴, 竅然如初矣. 猫且飽而 嬉, 弗以鼠爲意. 然猶日夜居衣房中, 不妄出. 鼠始畏約, 從穴中窺俟, 猫去 爲暴, 猫終不去, 屛跡不敢出者數日. 旣而窺之益熟, 覺無他異, 以爲彼眞 無爲也. 遂稍出穴公行, 猫亦不省也. 居數旬, 鼠從東穴出, 入衣簏中. 猫睨 以視, 亟起趨東穴, 大出聲以吼, 則復走西穴據之. 鼠乃大驚, 意東穴有變, 緣簏底徑投西穴, 則猫已鼓吻迎之矣. 鼠氣奪不能旋, 小動輒見防, 攝足屛 息, 計卒無可奈何. 然甚肥健, 猫力不敵, 積威以逼之, 及其憊而後噉焉. 余 始而不怡者久之. 旣而歎曰, 彼固自取之也. 夫依人而生者, 不毀人之室, 因 人以食者, 不攘人之財. 且物之害人者, 亦或利人. 今鼠依人之室而穴其壁, 食人之粟而又損人之衣. 竊竊苟苟, 以至微之命, 屢憎於人, 樂蹈危機而不 知變焉. 是宜殄滅其種類, 蕩覆其巢穴, 罔俾子遺, 又烏足閔乎. 嘗讀唐志, 至蕭淑妃臨死, 罵武氏曰, 他生我爲猫, 阿武爲鼠, 生生扼其喉. 每想其寃 毒憤罵之狀, 未嘗不爲之於邑, 竊悲其意也. 今見猫捉鼠, 輒思其言. 惟恐 猫之不猛, 而鼠之走脫, 用爲嬉笑, 此又一快也. 夫一事也而可使好利者戒, 嗜殺者懼, 烏可以不識.

19. 犬貓乳說 ...權攇

外舅員外郎家, 犬貓有同日乳者, 其貓死焉. 有一子, 哀號奮擲, 飢日益甚, 匍伏行就犬乳焉. 犬始肆暴, 若相囓者然, 終而若憐之, 就而若舐之, 遂日益親, 同其子乳焉. 員外公謂余曰, 夫犬貓, 異類也, 且形於嫉克者也, 胡爲而與之乳也. 嗚呼. 昔北平王家道大行, 父子兄弟雍雍愉愉, 故貓亦相感而乳焉. 今夫狗與貓皆畜於公也, 公亦有及於所畜者乎. 噫戲. 我知之矣. 公子四男皆死, 子族姪子亦死, 取本姓子爲若子. 余上無父母, 下無兄弟, 惶惶踽踽, 未嘗一日歡也. 見人之子姪昆弟群居怡樂者, 亦未嘗不慘然悲也. 夫如是, 其感於所畜者, 亦可知也. 雖然, 哀慽之感物難, 而仁化之感物易也. 貓之相乳例, 而犬貓乳者異也. 北平之仁, 信於易孚者, 而公之哀, 行於難化者, 尤可悲也已. 余聞其事而悲, 撫其實而慽, 記其異而爲其說, 以弔員外公之志也.

20. 犬猫說 …崔光璧

重光之黃梅, 余自杜陵, 受暇歸覲, 來憩于玉澗之僑庄, 家有犬猫, 猫不避犬, 犬不噬猫, 余因已訝之, 有頃, 犬若猫相與, 煦煦游戱, 跳梁不已. 夫犬本喜噬猫, 猫元怕被噬于犬. 自是相克之物, 而今如此, 此曷故焉. 特以同畜于一室, 受制于主人, 未敢遽卽相害. 日相對, 情顔自熟, 末乃兩忘相害之心, 而其信之愛之, 無間於同類, 眞所謂化仇敵爲訢合, 同胡越爲一心者也. 噫, 可以人而不如犬猫乎. 今之士大夫, 自謂誦法先王之道, 而曾不知皇極蕩平之義, 出而立乎朝, 入而處乎鄕, 無不各立標榜, 私植偏黨. 同乎己者雖惡, 謂之君子, 異乎己者雖善, 謂之小人. 吹毛而覓疵, 洗垢而索瘢, 必於無過中求有過, 齮齕之, 傾軋之, 盃酒造次, 矛盾相尋. 噫, 同爲王臣, 有兄弟之義, 故詩曰, 伯氏吹塤, 仲氏吹箎, 凡今之人, 何不體此義乎. 況我聖上五十年建極之化, 苦不徯志. 屢發中朝之憂, 特著警世之編, 絲綸間傷時悶俗之意. 不啻丁寧於家喩而戶說, 則亦何不和如和羹. 惟善是與, 仰體風草之化. 而黨同伐異, 媢賢嫉能, 不恤忌器之投, 甘心打網之圖也. 其戕鑠國脉, 壞人心術, 甚於洪水猛獸, 而恬不自覺, 又從而師師之. 噫, 可以人而不如犬猫乎. 聊識其異, 以俟善爲說者推演焉.

21. 雜說 ...尹愭

人有愛猫者, 畜數三猫. 其一猫晝常眠, 夜輒周行以扼鼠, 人未之見, 以爲無能也. 他猫則夜眠於人側, 晝或得鼠, 必銜致人前, 舞弄之, 以供翫笑, 家人皆奇之, 雖有竊饌噬鷄之習而不之罪也. 鼠以一猫夜獵之故, 不死則皆遠避, 患遂絶. 人以爲他猫之功, 遂笞其一猫而放之, 鼠乃相率而來, 不可復禁. 使知者擇之, 寧畜其一猫耶, 將畜其餘猫耶.

22. 過猫說 ...孫綸九

己卯仲夏, 見少沙彌搗信石于齋庵向下. 問所用曰, 憎蒼蠅. 余曰, 不其死猫乎. 對曰, 猫知食能擇, 殆慮之過夫. 余笑而任之. 越三日, 齋居人遽色相告曰, 猫食蠅餌. 果見猫伏於堂坳生凉處. 颦其耳, 直其視, 喘喘然憒憒然, 口不能聲. 翌朝, 兒曹尋之, 屋角積稾上, 披靡然斃也. 余乃曰, 此可獻之僧, 夫釋氏以慈悲爲心, 餌蠅已非道, 其道乃至殃, 及所養, 雖非始思所及, 烏得謂無罪, 然而亦猫之過也. 周禮祭蜡, 猫與焉, 猫非物之冥頑, 明矣. 且也僧之養猫甚厚, 方野人炊麥, 其飯則白, 得學者餕餘, 其味則腥. 每食饔飧, 復焉有此飢渴之害. 瓦片穢器, 異色攤飯, 必非可口, 其見不及此, 是不智也. 旣飽且餘, 而又恣欲於彼, 是不饜也. 不智不饜, 乃所以取禍之道乎. 夫世之縱宦嗜利者, 祿非不侈, 養非不厚, 方其盜竊廩餼, 侵漁百姓, 陷刑辠, 承羞辱, 至死不悟, 視此猫, 何如哉.

23. 捉猫說 …李載毅

家有怪猫. 三四爲群, 晝則與人兼行, 夜相鬪暴, 其聲萬狀, 不可以寢. 或儲肉塊, 則闞人之無也, 窮搜極覓, 竊食乃盡. 初爲獵鼠, 而許其來往, 今反爲倉廩庖廚之蠹, 豈不可痛之甚乎. 座上有秦生聲夏者, 聞而搤腕曰, 彼烏敢乃爾, 仍言在鄕時捉猫之妙術. 蓋用一沙盈, 以木屈爲四角, 奠於盈中, 其角微出盈外, 繫肉一塊於木之中心. 又用大絃數把, 圓而作鉤, 奠于木角微出之外. 就棟上, 着一大鐵環貫絃之, 末繫于拳石之大. 用板木, 撐石于空中, 如機栝然. 蓋引猫來嚼盈中繫肉, 則絃自然少搖, 板木傾側, 拳石於是乎驚墜而猫之頸輒絞, 不能出一聲, 無不立死. 如其言, 設于後家兩檻之中, 少焉婢急告曰, 猫絞矣. 秉燭往視之, 死已久矣. 滿座莫不叫奇. 又設於大房後廡之下, 瞬息之頃, 又壓一大猫. 若此不已, 不數日, 猫將無遺類矣. 因大笑而罷. 噫, 猫以偸肉自飽, 爲口腹之計者, 甚可惡. 而以余觀之, 世之當路者, 貪其權而樂其利. 浚民之膏澤以自肥, 爲國之掊克以自足, 不知陷穽罟攫之伏於暗地, 則與此猫何異哉. 因書以作戒.

24. 畜猫說 ...南皐

居士家不畜猫, 鼠恣行無忌. 齧箱穿篋, 衣無完幅, 偸果嘗肉, 人食其餘. 夜則輒至牀下, 窣窣有聲, 驅而復來, 雖惡之甚, 顧無術以除之. 久而後得一猫而畜之, 家人喜其將除鼠也, 飼以飯魚. 猫飽不捕鼠, 但有時咿嚶作聲, 而鼠帖伏不敢動, 旣旬月無鼠害, 以爲猫不喜捕鼠, 怠於飼猫, 忽不知所之. 猫去而鼠復肆如故. 居士喟然而歎曰, 嗟乎, 猫不喜殺, 似乎仁也. 猫在而鼠不敢動, 畏其威也. 猫去而鼠復肆, 無所憚也. 向者吾忘其功而薄其待, 猫之去宜也. 噫, 豈獨此哉. 小人之蠹國害政, 放恣無忌, 有甚於鼠, 而一有君子者, 儼然立乎其朝, 則雖不施刑戮, 彼將望其威儀風采, 而固已讋慄屛戢, 莫敢肆其惡. 是故, 李膺執法而宦寺縮頸, 汲黯在朝而淮南寢謀. 賢者之於國家, 豈小補哉. 時君世主憂小人之致亂而思得君子以治之. 幸而得之, 則隆恩重祿, 待之加厚, 及其奸竇漸塞, 國家少康, 則反謂賢者之無益於國, 而恩禮漸衰, 疑信相半. 炳幾之君子, 固已不俟終日而決然舍去. 君子旣退, 則向之蓄憾失志之徒, 彈冠而復起矣, 可不爲寒心哉. 唐之陸贄, 宋之李綱, 或罷或去, 而裴延齡, 秦檜之徒, 售奸鼓亂, 二家之業, 因而不振. 惜乎. 當時之君, 果能終始一心, 任用不貳, 使得以行其志, 則奉天之輿不狩, 靖康之讎可復, 此千古志士之扼腕而流涕者也. 嗟乎, 簡賢而召亂, 何異失猫而致鼠哉. 願治之君, 此亦足以鑑矣.

25. 畜猫者說 ...李裕元

山僧喜畜猫, 朝夕飼之, 猫不離禪牀. 忽下山, 無何復來, 僧畜之如前. 一日生二子, 乳哺甚苦. 及稍長能行走, 携置之屋角上, 自投地招呼不已. 子俯瞰仰視, 無以應, 猫呼之愈緊. 子巡簷哀鳴, 若起若伏, 如是者屢, 而漫不知救, 一向呼之急. 子竟乃跳下, 不憚十丈之高. 自是之後, 技習成, 緣壁附墻, 超枝攀柯, 往來如平地. 供佛之需, 齋僧之物, 莫不偸竊而啖之. 小闍梨欲杖之, 輕踉趫猾, 東閃西忽, 莫之禁止. 僧歎曰, 猫陰類也, 非吉羊之比, 而鼠善害苗. 故畜而欲去其害, 今猫之害, 復如是夫, 更不畜猫. 君子曰, 性之初也, 莫不仁, 而知覺橫決, 入於不義之科, 固可悲也. 或導率非道, 若教猱以升木, 則此奚特畜猫者歎耶. 噫.

26. 北兵營猫 ...李裕元

北兵營有猫在運籌軒廳底. 每日一器飯一器羹, 依例饋之, 不敢傷. 其一雛猫, 有料米, 自營需庫, 除給, 載之式例. 猫若哭而巡於營中, 則兵使不吉, 亦一怪事.

27. 畜猫說 ...林翰周

余家深山之中, 巖石林樾, 四環叢立, 而群鼠亦穴其中, 哺聚竊齧, 縱橫于房闥. 余甚患之, 乞人家一猫子而畜之. 每食上, 猫子必卷尾而來, 廻旋咿嚶于盤盂間. 余甚愛之, 減余食而飼之, 日必費三五匙焉. 或譏之曰, 子有何積粟而畜猫爲謹. 其蓋藏, 設其機穽, 則鼠不足爲患. 猫子稚弱不足以捕鼠, 而日費之飯, 積月累歲, 則是亦不貲矣. 後雖能捕鼠, 曷足以補今害. 余曰, 噫噫否否. 天下之患, 莫大於惜小利而誤大計. 夫惜養士之費而不興學校, 則無以見治平之效, 惜養兵之費而不修武備, 則無以禦寇敵之害. 我朝大臣不達此理, 謂無事而養兵, 是爲養禍, 使李文成之大計, 終始不行, 卒致龍蛇罔極之禍. 今子之言, 無乃猶是否耶. 假饒後效, 無以補今害, 此亦非可論也. 夫鼠賊也, 害乎主者也, 猫捕賊者也, 主邊物也. 賊之所食, 則一粒可惜, 至於捕賊者, 則雖一日三盂飯, 亦何足惜耶. 世之人, 不明主賊之分而曲爲利害之說, 義理之晦熄, 亂賊之肆行, 職由此也. 旣而, 猫子日喫飯, 壯大虓闞, 善搏鼠, 鼠患遂絶.

28. 逐猫說 ...林翰周

猫子旣長, 日食鼠, 甚味之. 旣而, 鼠且盡, 無所食. 人與飯, 日十數匙, 亦以爲不足也. 家有鷄, 將群雛遶庭而行, 猫輒注目, 視耽耽然, 卽一躍躍去, 攫一雛, 啖之. 鷄母驚且號, 張兩翅, 直前與鬪. 顧勢不敵, 彳亍而退, 聲磔磔, 久不已, 若甚悲者. 猫於是逐日食一鷄雛, 與鷄母鬪一場, 人打之, 亦如之, 不與飯亦如之. 乃蒙其頭, 迸諸十里外, 亦經一宿而返, 日幷食二三雛. 余患之, 使童子縛而致前, 諄諄然責之曰, 在昔猛將勇士, 狃人主豢養之惠, 折衝禦侮, 平賊而弭亂, 則恃功跋扈, 盜官廩攘民財, 恣行不軌, 竟至於身首分異. 爾今日之爲, 無或類是者乎. 況爾猫與彼鷄, 均是禽獸也, 均是主人邊物也. 一人殺一人, 必有償命之法. 爾以一物而殺渠十數子, 爾惡得免死. 均是主邊而自相賊殺, 爾便是賊邊也. 爾惡得免死. 山之中有林焉, 趯趯之趣, 蠕蠕之蟲, 自不乏焉, 山之下有溪焉, 天旱水淺, 鰕蛤之類, 渾可數焉. 苟以主人之飼爲不足, 則以爾才性之巧捷, 爪牙之便利, 亦何求不得, 何欲不遂. 乃計不出此, 賊同類之子, 害主人之物, 爾惡得免死. 然余念爾前功, 姑且原之. 朕言不再, 爾其深思. 猫帖耳垂頭, 若將悔改焉. 然貪饕之性, 抵事難變. 後數日, 又殺鷄一雛. 余迺命健夫, 綑以麻索, 投之藁網, 遠竄于廣湖之上, 於是乎猫患亦絶.

서평

고양이를 보면서 떠올린 선인들의 생각

최석기
(한국선비문화연구원 부원장)

경상국립대 한문학과에서 공부한 몇 사람이 강독한 결과물을 책으로 내겠다고 내게 서평을 요청해 왔다. 보내온 원고를 읽다가 떠오른 생각이, 최재천 교수가 전공한 동물사회학이었다. 어느 날 우연히 TV에서 최재천 교수의 강의를 들은 적이 있다. 요지는 동물의 행동학을 공부하다 보니 인간이 배워야 할 시사점이 많다는 것이었다. 최교수는 이런 동물의 사회적 행동을 인간에게 투영하여 '양심良心'이라는 가치를 끌어내 우리에게 큰 울림을 주었다.

원고를 읽어 내려가다 보니, 고양이를 소재로 쓴 선인들의 글에서 배울 것이 한둘이 아니다. 먼저 엮은이를 대표해 민혜영 박사가 쓴 서문에 다음과 같은 말이 있었다.

동물을 단순한 생명체로만 보지 않고, 그들의 생태와 행동, 사람과의 관계를 글로 남겼습니다. 선조들은 성리학을 통해 인간의 도리를 강조하였는데, 동물들이 보여주는 행동과 본성 속에서 인간이 본받을 만한 덕목을 찾기도 하였습니다. 오늘날 사람들이 이전보다 동물의 권리와 가치에 관심을 기울이고 있는 만큼, 자연과의 조화를 중요하게 여긴 선현들의 생각을 알아보고 싶었습니다. 동물을 대상으로 하는 작품을 선독하면서, 선현들의 다양한 생각과 표현을 보고 깔깔대고 웃다가 몰래 눈물을 훔치기도 하였습니다.

이 말이 또 나를 깊은 상념에 빠져들게 하였다. 공자께서는 그 자리에 늘 변치 않고 서 있는 산을 보고서 인간의 마음속에도 그런 덕이 있다고 생각하여 인仁이라 하였고, 흘러가는 시냇물을 보고서 자연의 이치에 순응하는 덕을 발견하고 인간의 지智를 발견하였다. 그래서 산과 물은 단순한 자연이 아니고, 인간이 자신을 비추어보고 본성의 가치를 인식하는 대상이 되었다. 이처럼 선인들은 자연을 정복의 대상으로 여기지 않고 자신을 비추어보는 거울로 인식했다.

《시경》〈문왕文王〉은 문왕의 덕을 칭송한 시인데, 그 시를 보면 문왕이 지성무식至誠無息의 덕으로 세상을 교화하여 사람들만 평안하게 살 뿐만이 아니고, 동산에 사는 사슴들도 평안한 삶을 영위하고, 연못의 물고기도 자유롭게 헤엄치고, 창공을 나는 새들도 넉넉하게 살아가는 태평성대를 노래하고 있다. 사람이 성인의 경지에 이르면 하늘이 만물을 덮어주고 땅이 만물을 길러주는 것과 같은 역할을 하여, 모든 생명체가 제자리에 평안한 삶을 누린다고 믿었다. 여기에는 생명을 중시하는 사상뿐만 아니라, 자연의 이치에 순응하는 천인합일天人合一의 사상이 들어 있다.

이런 성리학적 사유는 늘 자신을 성찰하고 극기하여 자연의 이치를 따르고자 한다. 그런데 공자의 문인 자하子夏가 "널리 배우되 의지를 독실하게 하며, 절실하게 질문하되 일상의 가까운 데로부터 사유하면 인仁이 그런 가운데 있게 될 것이다."라고 하였듯이, 유학자들은 고원한 이치를 탐구하지 않고 일상에서 천리天理를 관찰하여 그에 순응하려고 하였다.

그 대표적인 이야기가 《중용》에 보이는 "솔개는 날아서 허공에 떠 있고, 물고기는 연못에서 뛰노네.[鳶飛戾天 魚躍于淵]"라는 말이다. 즉 솔개가 허공에 떠 있는 것을 통해 천리가 유행하고 있음을 느끼고, 물고기가 연못에서 자유롭게 헤엄치는 것을 통해 천리를 인식하는 것이다. 이렇게 자연의 이치를 눈으로 보고 귀로 들으며 그 이치에서 벗어나지 않는 삶을 살고자 하였다.

선인들은 이런 사유를 일상에서 늘 하였기 때문에 생활 속 가까이에서 보고 느낀 것을 통해 삶의 이치를 드러낸 경우가 많다. 그 가운데 하나가 인간과 서로 어울려 사는 개와 고양이를 통해 인간과 세상의 가치를 읽어내는 것이다. 개와 고양이는 오늘날 반려동물로 사랑을 받는데, 예전에는 반려동물보다는 인간과 공생하면서 교훈을 주는 유익한 대상이었다.

얼마 전 안동 산불이 무섭게 번졌을 때 어떤 할아버지가 반려견 '대추'의 목줄을 풀어주며 "여기에 있으면 죽는다. 가라."라고 하였는데, 얼마 뒤 그 할아버지가 불탄 집터로 돌아와 보니 '대추'가 상처투성이로 돌아와 있었다고 한다. 이처럼 인간과 동물은 교감하며 공존하는 삶을 살아간다. 이 할아버지와 '대추'는 사람과 개의 관계를 떠나서 서로 의지하고 공감하며 살아가는 벗과 같은 사이라 할 수 있다.

오늘날 반려동물로 개와 고양이를 기르는 사람이 많다. 이들도 서로 의지하여 교감하는 관계일 것이다. 그런데 사람과 동물이 그런 관계를 맺는 데에서 그치지 말고, 다시 자신을 성찰하고 인간 세상의 일에 적용할 줄 알아야 진정한 의미가 있다. 사람과 동물의 개인적 우정을 넘어, 인간들이 사는 세상의 우정론으로 승화하여 인간 세상을 더 자유롭고 정의롭게 하는 가치를 발견해야 한다. 요컨대 반려견을 안고 사진을 찍어 SNS에 올리는 데에서 그치지 말고, 반려견을 사랑하는 마음으로 동포와 인류를 사랑하는 마음을 가지고 주위에 확산해야 한다.

이 책에는 선인들이 고양이를 소재로 노래한 시 49수와 고양이를 소재로 한 산문 28편이 수록되어 있다. 시든 산문이든 작자는 마음에 느낀 점이 있어서 글을 지었을 것이다. 그 느낌이 작은 울림이든 큰 울림이든 누군가는 또 다른 생각을 불러일으킬 것이다. 하여 '고양이'를 소재로 쓴 글이지만, 그 속에는 인간 세상의 새로운 가치들이 발견된다. 독자들은 그 새로운 가치를 가지고 세상을 다시 바라볼 수 있으니, 이 세상에 다시 인간다운 삶의 가치를 밝히는 계기가 될 것이다.

이 책에 실린 시는 49수에 불과하지만, 그 내용은 참으로 다양하다. 고양이가 곡식을 훔치는 쥐를 잡지 않고 잠만 자는 것을 경계하는 시, 탐욕스러운 쥐를 혼내주는 고양이의 어진 공덕을 노래한 시, 개에게 물려 죽은 고양이를 묻어주며 애도한 시, 고양이가 쥐를 잡지는 않고 병아리를 노리는 것을 나무라는 시, 고양이의 교활함을 미워한 시, 고양이를 수탈하는 관리에 비유하여 미워한 시, 고양이를 탐욕스러운 자에 비유해 노래한 시 등등이 있다.

이 가운데 곡식을 훔치는 쥐를 잡는 공덕을 노래한 시가 단연 많다. 그것은 백성을 착취하는 관원과 서리를 척결하고자 하는 조선 선비의 경세 의식을 드러낸 것이리라. 이처럼 고양이의 공덕을 노래한 것 가운데 가장 눈에 띄는 시가 서거정徐居正의 〈오원자부烏圓子賦〉라는 장편이다. 검은색 고양이가 많기에 고양이를 오원자烏員子라고 부르기도 하였는데, 〈오원자부〉는 당대 최고의 문장가가 쓴 보기 드문 명문이다.

이 책에 실린 산문은 28편인데, 대부분 '설說'이라는 문체로 지은 글이다. 설은 본디 경전의 뜻을 부연 설명하는 문체로 고인의 뜻을 답습하지 않고 상세히 설명하는 방식을 취하는데, 우언寓言을 쓰기도 하고 직설적으로 서술하기도 한다.

고양이가 서로를 핥으며 아끼는 모습을 보고 인간의 교화를 생각한 〈묘상지설猫相舐說〉, 고양이가 쥐를 잡는 것을 보고서 이름을 훔치고 의리를 좀먹으며 이익을 탐하고 남을 해치는 자를 처단해야 한다고 한 〈묘포서설猫捕鼠說〉, 고양이 기르는 것으로 나라를 좀먹는 자들을 경계한 〈축묘설畜猫說〉, 개와 고양이 기르는 것을 임금이 장수를 기용한 것에 비유한 〈축묘구설畜猫狗說〉, 크고 작은 두 고양이가 서로 공생하는 모습을 보고 인간의 예의염치를 환기한 〈이묘설二猫說〉, 세력을 형성한 쥐는 고양이도 잡을 수 없다고 한 〈서묘설鼠猫說〉, 닭을 잡아먹는 고양이를 붙잡아 매어놓고 꾸지람한 일을 통해 탐욕스러운 관리가 형틀에 묶인 것을 비유한 〈책묘설責猫說〉, 고양이의 음험한 이중적 성격을 통해 충신을 해치고 나라를 망하게 한 간신에 비유한 〈묘설猫說〉 등이 있다.

또 집을 나갔다가 돌아온 고양이를 보고 선왕이 오랑캐를 대하는 마음에 비유한 〈묘지반설猫之反說〉, 고양이가 쥐 잡는 것을 보고 탐관오리를 척결할 방안을 생각한 〈묘포서설猫捕鼠說〉, 도둑질하던 고양이가 습성을 바꾼 일을 통해 기근에 성정을 잃어버려 도둑질한 백성을 돌아본 〈묘설猫說〉, 죽은 고양이를 묻어 준 일을 기록한 〈매사묘埋死猫〉, 고양이를 장수에 비유하여 의인화한 〈오원자전烏圓子傳〉, 개가 고양이에게 젖을 물린 일화를 통해 인덕의 교화를 생각한 〈견묘유설犬貓乳說〉, 개와 고양이가 사이좋게 지내는 것을 통해 의리의 실천을 생각한 〈견묘설犬猫說〉, 고양이 잡는 방법을 말한 〈착묘설捉猫說〉, 고양이를 기르니 쥐가 설치지 않는 것을 통해 조정에 위엄이 있는 군자가 있어야 함을 말한 〈축묘설畜猫說〉, 고양이 기르는 것을 인재양성에 비유해 쓴 〈축묘설畜猫說〉, 병아리를 잡아먹는 고양이를 내쫓았다는 〈축묘설逐猫說〉 등 다양한 이야기가 실려 있다.

이런 고양이 이야기는 어린이가 고양이 카페에 가서 귀여운 고양이를 어루만지며 노는 것과는 사뭇 다르다. 어린이의 고양이 이야기가 아니고, 어른들의 고양이 이야기다. 그래서 고양이를 빌어 인간의 일, 세상의 일을 말하고 있다. 인간의 눈에 보인 고양이의 성질, 처신, 행위 등은 곧 인간의 일이 되어 인간에게 교훈을 준다.

어찌 보면 만물의 영장이라고 하는 인간이 고양이에게 배울 것이 더 많은지 모른다. 그저 인간이라는 이유만으로 고양이를 무시한다면 이는 돈이 많다는 이유로 학벌이 좋다는 이유로 남을 무시하는 것과 다름없다. 내가 마주하는 이 세상 모든 것들이 나의 스승이 될 수 있으니, 내가 가르치려 하지 말고 배우려 하면 모두가 나의 스승이 될 수 있다. 그래서 이 이야기는 단순한 선인들의 고양이 이야기가 아니고, 고양이를 통해 벗을 만나고 스승을 만나는 거룩한 이야기이다.

저서나 시문집의 뒤에 붙이는 글로 발문跋文·후지後識·서평 등이 있는데, 대체로 의론과 서사를 겸하고 있다. 이러한 글은 사실을 추구하며 상세한 내용보다는 간결함을 위주로 한다. 그러므로 시집 뒤에 붙이는 평론의 형식을 빌리지 않고, 생각나는 대로 몇 자 적어 사실대로 간결하게 나의 소회를 밝힌다.

2025년 5월 산청 덕산 풍뢰재風雷齋에서
최석기가 쓰다.

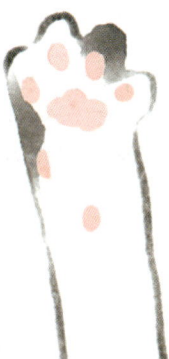

조선의 문인, 고양이를 담다

2025년 09월 15일 초판 1쇄 발행

역자	구경아·민혜영·주강수·신한솔·이아영
그림작가	이채원
교정·윤문	전병수
발행인	전병수
본문 디자인	배민정
표지 디자인	은희주

발행	도서출판 수류화개	
	등 록.	제569-251002015000018호 (2015.3.4.)
	주 소.	세종시 한누리대로 312 노블비지니스타운 704호
	전 화.	044-905-2248
	팩 스.	02-6280-0258
	메 일.	waterflowerpress@naver.com
	홈페이지.	http://blog.naver.com/waterflowerpress

ⓒ 도서출판 수류화개, 2025

값 19,000원
ISBN   979-11-92153-24-7 (03810)

이 책은 저작권법에 따라 보호받는 저작물이므로 무단전제와 무단복제를 금지하며, 이 책 내용의 전부 또는 일부를 이용하려면 반드시 저작권자와 도서출판 수류화개의 서면동의를 받아야 합니다.

잘못된 책은 바꾸어 드립니다.